JEROEN
THIJSSEN

LIZET
KRUYFF

PUNTNEUZEN & KERSENPITTEN

Verhalen en recepten uit de keuken van Jeroen Bosch

Receptenregister

INLEIDING

Jeroen Bosch

groeit op in het levendige, bruisende, 15de eeuwse 's-Hertogenbosch. Eerst aan de Vughterstraat en daarna midden op de Markt, waar alles gebeurt. Hij is geboren in een schildersfamilie, iedereen die een kwast kan vasthouden doet dat. Met verve.

Jeroen gaat er naar school, de Latijnse school, en maakt er vriendjes. Iedere dag loopt hij de weg tussen huis en Hinthamerstraat, met de kerkklok die de tijd vertelt en de toren van de Sint-Jan als baken tussen de wirwarrende straten en stegen. Hij hoort het kabaal van de dieren die geslacht worden in het Vleeshuis, ruikt de appels van Hilleke het appelvrouwtje in de kelder. Bietst er misschien wel eens een. Hij ziet het eiervrouwtje gewoon op de straatstenen zitten op de lakenmarkt, met een volle mand eieren en een kooi met kippen. Hij luistert naar de mis, gaat braaf ter biecht, fluistert geheimen en deelt zijn dromen met zijn vrienden. Hij ruikt de baklucht van de pasteibakker en watertandt.

Diep onder de indruk is hij van de optocht van Zwanenbroeders. Hij aapt ze na als hij met zijn vriendjes de processie naar de kerk naspeelt. Door het luik van de herberg ziet hij de uitbuikende mannen dobbelen na de markt, terwijl een wulpse herbergierster kroezen bier rondbrengt. Nu gaat alles nog vriendschappelijk, maar na de zoveelste kroes barst het krakeel los bij vermeend vals spel. Het grootje van de herbergierster bakt pannenkoeken op het vuur voor wie nog niet genoeg heeft.

Een mopperende visser keert met een leeg net terug van een dag op het water. Een lakenhandelaar komt voorbij met een kar vol stoffen en andere koopwaar. Het ruikt naar vreemde, verre streken. De stoffen zijn kleurig en bont. Wat zou er in de kisten en tonnen zitten? Specerijen? Gedroogde vruchten? Misschien wel bijzondere kannen, of glaswerk. Wat heeft hij zijn vrouw beloofd mee terug te nemen van zijn reis uit Brugge en Antwerpen?

Jeroen probeert zich een voorstelling te maken van die verre streken. Maar hij ruikt slechts de pis van de geleegde potten in de steeg. En de brandlucht en schroeiende nagels van de hoefsmidse, die hem aan de grote stadsbrand doet denken. Hij ziet begijntjes vrolijk vroege kersen plukken in de boomgaard, terwijl ze luidkeels zingen met hun hoge stemmen. *De mei, de mei, de mei wekt ons met zoete bloemen, ach min, ach min, ach min, wil ons de liefste noemen.*

De monniken delen brood en erwtenpuree uit aan de hongerige dolende zielen. Rederijkers voeren hun hoogdravende stukken op. En alles wat op de markt afkomt, neemt Jeroen vanuit het raam van zijn atelier waar. Veilig binnen. De kooplieden en de kramers, de hoeren en de hufters, de boeren en de boerinnen, de nonnen en de paters. De rijke burgers met bont aan de jassen en prachtige mutsen, de elegante edellieden te paard, malle Dirc met gaten in zijn broek, op een schoen en een slof. En waar gaat vrouw Agnes diep weggedoken in haar groene bombazijnen mantel zo laat nog zo haastig naar toe? Ooit zal hij ze allemaal schilderen, neemt hij zich voor. Maar eerst moet hij nog veel leren. En braaf zijn bord leegeten.

DE WERELD VAN JEROEN BOSCH

In de 15de en 16de eeuw kent het Hertogdom Brabant een relatief hoge mate van verstedelijking. De verhouding tussen landsheer, hertog en het bestuur van de steden is complex. De steden hebben een hoge mate van zelfbestuur. Burgemeesters, schepenen en raden geven de toon aan. Stelt het daarboven gestelde centrale bestuur (de hertog, de landsheer) eisen, dan wordt daarover onderhandeld in de gewestelijke Statenvergadering, waarin de steden hun mondje stevig roeren.
De steden zijn machtig vanwege hun economische belang. Industrie en handel, kennis en ambacht; het concentreert zich in de stad. Die sterke positie kleurt het dagelijks leven van de burgers van de stad. 's-Hertogenbosch is een werkstad bij uitstek. Zonder hertogelijk hof of bisschopszetel, maar wel de meest noordelijke stad van het hertogdom Brabant en als zodanig strategisch van belang om de noordgrens te verdedigen tegen aanvallen van buitenaf.
De stad ligt aan rivieren en riviertjes die de handel versoepelen. Aan de noordkant de Maas, vanaf het zuidoosten stromen Dommel en Aa de stad binnen, samengevoegd als Dieze op weg naar de Maas. Dan de bossen rond Vught en de drassigheid verderop naar het westen toe, in het oosten begrensd door de overloopgebieden van de Maas en de heide bij Heeswijk.

Vier belangrijke steden kent het hertogdom Brabant. Brussel, Leuven, Antwerpen en 's-Hertogenbosch. Vlakbij is het graafschap Vlaanderen, waar Gent en Brugge de toon aangeven. Hier hebben Bossche handelaren een vestiging van hun bedrijf, om met hun neus bovenop de handelswaar te zitten.
Hun welvaart komt door de handel en doorvoerhandel. De Binnendieze doorsnijdt de stad. In 1440 is aan de noordkant een haven aangelegd, bereikbaar vanaf Maas, Waal en Rijn. Het vervoer over de zandige landwegen is traag en lastig. Een tripje naar Luik kost al gauw een week. Toch vormt dat geen belemmering. In de haven laden de handelaars

Detail Narrenschip

Jheronimus Bosch
circa 1494 of later, Olieverf op paneel, 58 x 33 cm

*Cleyn
Rome, zo heet
's-Hertogenbosch
ook wel in de 16de
eeuw. Vanwege de
talrijke kloosters,
kerken en kapellen.
Al vanaf de 14de
eeuw is er een
college van dertig
kanunniken.*

goederen van de schepen over op karren die naar Aken, Luik en Maastricht gaan en van daaruit weer verder trekken. Frankfurt, Neurenberg, ver de Duitse landen in. Wel tien paarden zijn er nodig om de vracht te trekken. De kooplieden blijven maanden van huis. Maar het loont de moeite.

Monopolies van voedselgilden binnen de steden maken de vrije toevoer van voedingsmiddelen moeizaam. De directe omgeving van de stad, het ommeland, ligt voor de hand om voedsel te leveren. Veel goede grond behoort toe aan burgers, die hun landerijen aan boeren verpachten. Maar wie tegen een percentage van de opbrengst verpacht, mag de oogst – vanwege de monopolies – niet in de stad verkopen. Het meeste graan dat in Brabant wordt geconsumeerd, wordt daarom geïmporteerd uit Artesië en Picardië.

De macht van de gilden maakt de mens slim. En de hertog speelt het spelletje mee. Hij wil de stad best een beetje sarren in de voortdurende strijd om de macht tussen stad en landsheer. In 1464 vaardigt Filips de Goede een ordonnantie uit waarin de maximumprijs van bier in de meierij van 's-Hertogenbosch bepaald wordt op 9 myten per pot van bijna anderhalve liter. Hetzelfde bier kost in de stad 15 myten. Dus komen er brouwerijen in dorpen net buiten de banmijl, om de stedelijke standaardprijzen te ontduiken. Zo kunnen ze de burgers voorzien van goedkoop bier.
Een myt, een klein koperen muntje, is overigens evenveel waard als 1/24ste groot, en een groot is een halve Brabantse stuiver. Dus een pot of kan van 1,5 liter bier kost in de stad 5/8ste groot en buiten de stadsban 3/8ste. Een omweg waard. Ook op de schilderijen van Jeroen Bosch zie je herbergen van buitenaf, met een uithangteken dat duidt op vers gebrouwen bier. Vught was een geliefde plaats voor zo'n uitje.

KLEIN ROME

Cleyn Rome, zo heet 's-Hertogenbosch ook wel in de 16de eeuw. Vanwege de talrijke kloosters, kerken en kapellen. Al vanaf de 14de eeuw is er een college van dertig kanunniken. Kerkgezang en het beheer van de Sint-Jan is aan hen toevertrouwd.

In 1489 neemt de Illustre Lieve Vrouwe Broederschap de befaamde componist en zanger Pierre de la Rue in dienst. Drie jaar later vertrekt hij helaas naar Leuven, weggekocht door het Bourgondische hof. Vader en zoon Nicasius de Clibano (1457-1497) en de componist en zanger en Jheronimus de Clibano (ca. 1459-1503) worden (gezworen lid) van de Zwanenbroeders. Nicasius wordt opgevolgd door Matthaeus Pipelare, eveneens componist, zanger en koormeester.

Begijnen en Bogarden zitten aan het weefgetouw en laten hun handwerk vergezeld gaan van hun gebeden. Via een hoofdpoort aan de zuidkant van de Sint-Jan en een poortje in de Peperstraat komen en gaan de meer dan honderd begijntjes, die godsvruchtig leven zonder de gelofte af te leggen – en dus kunnen trouwen wanneer het huwelijk hun aantrekt. Wie wel de gelofte wil afleggen kan terecht bij de Cellebroeders en -zusters, Clarissen, Franciscanen, Kapucijnen, Minderbroeders, Predikheren of Redemptoristen.

De stad is geen bisschopsstad. De bisschop zetelt in Luik. Ver weg van deze gezagsdragers zijn de Bosschenaren graag bereid hun eigen gang te gaan. Ook bij de uitbreiding van de Mariakapel van de Illustre Lieve Vrouwe Broederschap besluiten ze tot bouwen over te gaan zonder toestemming van Luik. Dat levert weliswaar een flinke boete op, maar hindert de voortgang van het project verder niet.

De goede sociale voorzieningen, zoals de rijke Tafel van de Heilige Geest, trekken in roerige tijden veel vluchtelingen naar de stad. Zo is de stad een trekpleister voor gebrekkigen uit Holland, Gelre, het land van Kleef, de Peel en het Maasland. De stad voelt zich daar ernstig mee belast. Het bestuur neemt maatregelen tegen deze toenemende en ongewenste immigratie van vreemdelingen, zonder te weten wat voor mensen het zijn, wat hun sociale achtergrond is, hoe hun levenswandel loopt of wat hun bezittingen waard zijn.

STADSBRAND EN WATERVLOED

De stad draagt de sporen van de stadsbrand van 1463 en het platteland die van de Sint Elizabethsvloed van 1421 – de zwaarste maar zeker niet de enige keer dat stad en ommelanden door het water worden bedreigd. Ondanks de vrijwillige brandweer, onder leiding van de vuurmeesters, loopt het in 1463 danig uit de hand. De bijna veertig spuithuisjes langs de Binnendieze ten spijt, slaan 13 juni vanuit het huis De Ketel in de Verwerstraat de vlammen uit. De ravage is enorm en er vallen heel wat slachtoffers. De stadsbestuurders besluiten dat voor alle veiligheid het riet en stro op de daken vervangen moeten worden door lei of tegels. Om de kosten te dekken heffen ze extra accijns op bier en wijn.

HET ETEN VAN JEROEN BOSCH

Botanisch en dierlijk materiaal uit archeologisch onderzoek geeft inzicht in wat er op tafel komt in het middeleeuwse Den Bosch. Voor hun dagelijks brood zijn de burgers aangewezen op de boeren uit de omgeving en import van verder weg. Rogge en boekweit zijn het belangrijkst. Rijst wordt ook gegeten, geïmporteerd uit bijvoorbeeld Italië, maar vanwege de prijs vooral door de bovenlaag. Haver, gerst en tarwe is ook gevonden, maar mondjesmaat. Toch wordt het wel geïmporteerd voor bier en het betere bakwerk. Van de tarwe wordt het fijne wittebrood gebakken, ook weer bestemd voor de elite.

Vruchten zijn er volop gevonden, en die zullen zowel vers als verwerkt gegeten zijn. Aalbes, aardbei, appel, bosbes (rood en blauw), braam, framboos, hazelnoot, kers (kriek), kornoelje, kroosjespruim, kruisbes, kweepeer, mispel, moerbei, morel (zure kers), peer, pruim, sleepruim, vlierbes, walnoot, zwarte bes; de resten zijn allemaal in de beerput terecht gekomen. Evenals de pitten van vijg, dadel, granaatappel en krent, rozijn en druif. Waarschijnlijk importvruchten van ver weg. Lekkere verse groenten kennen ze ook: snijbiet, venkel, kervel, spinazie, veldsla, tuinkers, melde selderij, postelein en pompoen. Wortelen, knollen, rapen en peulvruchten als grauwe en groene erwt en tuinboon komen ook op tafel. Net als kool, ui, knoflook, komkommer, pompoen, wortelen, rapen en prei.

Hoewel specerijen en andere smaakma-

Voor hun dagelijks brood zijn de burgers aangewezen op de boeren uit de omgeving en import van verder weg. Rogge en boekweit zijn het belangrijkst.

kers 'peperduur' zijn, komen ze toch ook in beerputten terecht: anijs, dille, kappertjes, karwij, komkommerkruid, koriander, kruidnagel, mosterd, paradijskorrels (meleguette peper), peper en peterselie. Veel van de exotische specerijen worden via Venetië naar het noorden vervoerd. De Bossche kooplieden halen ze op hun beurt in Brugge, waar veel Bosschenaren een handelshuis bezitten, en in Antwerpen, waar de Portugezen en Venetianen rechtstreeks aanleggen.

In de middeleeuwen eet je naar je stand. Boerenkost voor stevige boerenmagen, lekkerbeetjes en liflafjes voor de gevoelige ingewanden van de hogere klasse. Die kunnen, zo menen zij zelf, niet tegen gerst en rapen, knoflook, prei en ui. Ook in vlees is er onderscheid. Het vijfde kwartier – ingewanden en slachtafval – is moeilijk verteerbaar, een piepkuiken juist heel licht. Allemaal een kwestie van theorie en vooral de behoefte zich te onderscheiden. Een behoefte die zich in de opkomende steden flink ontwikkelt. De elite gaat steeds op zoek naar iets anders om de tong te strelen en de maaltijd meer fleur te geven. Ook de Zwanenbroeders doen daar aan mee. De hutspot van weleer is niet goed genoeg meer voor de de Illustre Lieve Vrouwe-broeders. Fijn gebraad en gestoofde vis met sausjes dienen op tafel te komen.

Op de schilderijen van Jeroen Bosch zie je verschillende voedingsmiddelen terug. Ook staat er het nodige op tafel, of op het veld. Archeologisch, historisch en kunsthistorisch onderzoek vormt de basis voor de verhalen, achtergrondinformatie en receptuur in dit boek.

KOKS EN KOOKSTERS

Spierballen zijn in de keuken zeker nodig. Wie het eten ook bereidt, voor het sjouwen met ketels, emmers, spitten, roosters, lekbakken, vuurkorven, vijzels en vaatwerk is een ijzeren conditie nodig. Er wordt gestampt en gevijzeld, gemalen en gekneed dat het een lust is. Gerst moet gepeld tot gort, noten moeten gekraakt en van hun vlies ontdaan, vlees moet uitgebeend, gevogelte geplukt en schoongemaakt. In de keukens met groot vuur komt daar ook nog eens het sjouwen van de brandstof en het stoken van het vuur bij. Groot vlees wordt aan het spit geregen of op het rooster gekeerd. In de schoorsteen hangt een haal waaraan de ketel hangt.

In die tijd leer je als meisje koken van je moeder, je grootmoeder of een tante. In de professionele keuken dirigeert een chef zijn brigade bij het bereiden van de vaak ingewikkelde gerechten. Het vak leer je in de praktijk, door goed op te letten en oefenen te koppelen aan je talent. Recepten leer je uit het hoofd door ze te herhalen en nog eens te herhalen. Knappe koppen schrijven wel eens wat op. Veel kookboeken zijn er nog niet in die tijd. Misschien dat er ooit nog een Bosch handschrift met recepten opduikt... Heel veel anders dan in Antwerpen, Brussel, Leuven of Gent zal er niet gegeten zijn. Vooral lokale producten gecombineerd met exotische spijzen.

Dankzij archeologisch vondstenmateriaal, schilderijen, prenten, handschriften en andere historische bronnen is er genoeg te vertellen over de eetcultuur in de tijd van Jeroen Bosch. De kennis is opgehangen aan de geschiedenis, maar ook aan de mogelijke verhalen achter de figuranten op de schilderijen. Wie goed zoekt zal vinden.

DE SPEURTOCHT NAAR RECEPTEN EN MAALTIJDEN

Zo in de loop van de 13de en 14de eeuw verschijnen de eerste manuscripten met recepten in West-Europa. Wat eerst mondeling van kok op koksknecht werd overgedragen, wordt nu aan het perkament en papier toevertrouwd. De recepten zijn erg kort en bedoeld voor mensen die kunnen koken. Hoeveelheden, logische volgorde van bereiding, bereidingswijze, kook- of baktijden staan niet of zelden vermeld. Het zijn meer geheugensteuntjes dan handleidingen, bedoeld voor de variatie of voor gerechten die misschien geen dagelijkse kost zijn. En natuurlijk gaat het hier om de keuken van de elite. Het zal nog zo'n zes eeuwen duren voordat er kookinstructies voor maaltijden voor arbeidersgezinnen ontstaan.
Al snel worden de recepten wat beter geformuleerd en krijgen de kookboeken een indeling in rubrieken. Ook staan er handige tips en trucs bij. En of je het gerecht warm of koud moet eten, of dat het allebei kan. En of het gerecht speciaal voor de Vasten is of juist niet.

Zijn er vóór die tijd dan geen kookboeken? Er is natuurlijk een echt Romeins kookboek: dat van Apicius. Ook uit de daarop volgende periode kennen we receptenverzamelingen, zoals Anthimus' 'De observatione ciborum'. De meeste zijn echter eerder medisch van aard dan bedoeld voor de fijne keuken in een groot huishouden of paleis.
Italië, Spanje en Frankrijk lopen hierin binnen Europa voorop. Een belangrijk boek was 'Le Viandier' van Guillaume Tirel (Taillevent), tussen 1373 en 1381 hofkok van de Franse koning Charles I. In latere versies zijn er recepten aan toegevoegd, die wijzen op de populariteit van het boek, maar ook de behoefte aan 'updates' uit de eigen tijd. Zoals in 1490, wanneer er recepten bijkomen die op een buitenlandse herkomst duiden: *galimafrée, friquassées, galantine, saupiquet, dodine de layt, orge mondé*. Het klinkt allemaal heel Frans, maar is dat het ook? Of is het de internationale kokstaal van chefs die van het ene hof naar het andere verkassen? Leren de internationale chefs elkaar recepten? Lenen ze die van elkaar? In de Napolitaanse handschriften uit de 15de, begin 16de eeuw is te zien dat de recepten vaak ontleend zijn aan andere kookboeken, zoals 'De honesta voluptate' van Platina, uit circa 1474, en 'Libro de Arte Coquinaria' en 'Modi singulari de cocina' van Maestro Martino de Rossi. En daarnaast aan de Catalaanse keuken, waar Napels dan bestuurlijk bijhoort.

Er zijn handschriften met recepten bewaard gebleven in de Nederlandse taal. Zoals een handschrift uit de 16de eeuw in de Universiteitsbibliotheek van Gent (UB Gent 476), waar verschillende koks aan gewerkt hebben. Behalve recepten voor de keuken staan er ook allerhande huismiddelen in. De schrijvers komen, gezien hun taalgebruik, waarschijnlijk uit het hertogdom Brabant en het graafschap Holland. Het Frans beheersen ze in elk geval fonetisch, want er wordt druk in de *lingua cucina* gecommuniceerd: *galmefrey, bruet, blamengier, trymoletten, sause picet, sause camelijne, sous camallier, Borbonnoi-*

Puntneus

collectie Groot Tuighuis,
bodemvondst, 's-Hertogenbosch

sen tarten, cremboellij, lackfric, fromentree en ga zo maar door. Of misschien zijn de recepten gedicteerd aan iemand die minder thuis was in de keuken, maar wel mooi kon schrijven. In de keuken wist men wel wat de bedoeling was. Kaneelsaus, witmoes, stoof van verschillende soorten vlees, graanpap...

Het eerste kookboek in de Nederlandse taal is 'Een Notabel Boeckxen van Cokerye' uit 1514, gedrukt in Brussel, bij Thomas van der Noot. Er is slechts één exemplaar bewaard gebleven – voor zover bekend – en dat bevindt zich in de Staatsbibliotheek van Beieren in München. Ook de recepten uit dit boek zijn niet helemaal uit de lucht komen vallen. Er staan, naast het bereiden van lokale vissen en dieren, groente en fruit, zuivel en kruiden, tal van internationale recepten in. Eykens Lombard bijvoorbeeld, een voorloper van de zabaglione.

In 's-Hertogenbosch zullen deze gerechten vast ook op tafel hebben gestaan. Archeologisch plantaardig en dierlijk vondsmateriaal wijst op een rijke keuken – naast de dagelijkse gewone kost. Een typisch lokaal recept uit deze periode is nog niet gevonden. Maar wie weet welke schatten er nog verscholen liggen in de archieven.

BANKET EN FESTIJN

Wanneer de adel iets aandacht wil geven, organiseert ze een eetfestijn. Liefst met optocht vooraf en amusement erbij. Machtsvertoon, pronk en praal, je beste beentje voorzetten, laten zien wat je allemaal in huis hebt en hoe belangrijk je bent; daar gaat het om. Er zijn fraaie beschrijvingen van zulke festijnen, maar gerechten worden nauwelijks genoemd. Kleding, versiering, muziek, het zilverwerk en de spelen, alles wordt benoemd. Ook hoeveel er op tafel komt en hoe chic het wordt opgediend in een processie van dienaren die schalen binnendragen. Ook is er bekend is hoe lang er aan tafel gezeten wordt en wie er allemaal aan de belangrijkste tafel zitten. Maar niet wát deze mensen naar binnen propten. Natuurlijk: de grote pronkvogel, eerst gevild, daarna bereid en dan weer in zijn jasje gehesen. En de zwijnskop op een grote schotel, versierd met groen en bloemen. Ook weten we van grote pasteien waar levende vogeltjes uit vliegen na het aansnijden.

Fraaie linnen servetten en tafelkleden, rijk versierde zoutvaten, drinkglazen en wijnkannen strelen het oog. Alles is tot in de puntjes georganiseerd voor een zo groots mogelijk effect. Maar meer dan de boodschappenlijstjes en beschrijvingen zijn niet bewaard gebleven. De menukaart is nog niet uitgevonden. Dat zou ook een beetje lastig zijn geweest: je zit naar je stand en je eet naar je stand. Dus de hoofdtafel met eregasten krijgt verfijndere en meer gerechten dan de mensen op krukjes of banken aan de schragentafels verder in de hal.

In het Parijse kookboek 'Le Menagier de Paris' (1393) staan wel menu's voor de Parijse elite. Omdat het gezond wordt geacht, krijgt men eerst de gestoofde gerechten en daarna de geroosterde.

Een voorbeeld:
Eerste gang: vissenlever-roffioelen, een vleesragout met pittige kaneelsaus, ossenmergbeignets, aalmoes, zoetwa-

tervis in bouillon met een saliesaus, een groot stuk vlees, zeevis.
Tweede gang: het best verkrijgbare geroosterde vlees, zoetwatervis, nog een stuk vlees, gelardeerd en gekookt, een kruidige gehaktschotel, versierd met staarten van rivierkreeftjes, kapoenpasteitjes en knapperige pannenkoekjes, brasempasteitjes, paling en *blancmanger*.
Derde gang: graanpap, wild, lamprei met een pittige saus, *lechefrites,* geroosterde brasems, roffioelen en een galantine van steur.

Soms kwam er een 'dessert' aan het eind van de maaltijd, een glaasje kruidenwijn (*hypocras,* zie pagina 81), confituren, wafeltjes, rozijnen, noten en anijszaad met een jasje van suiker. Meestal ook de vruchten van het seizoen.

De receptuur in dit boek biedt voldoende aanknopingspunten om zelf een middeleeuws banket op te dissen. Met eerst wat kleine hapjes, dan de gestoofde en gekookte gerechten, waarna het gebraad op tafel komt. En tot slot wat zoetigheid. Alles wordt natuurlijk weggespoeld met lokaal bier en geïmporteerde wijn.

Met de receptuur in dit boek kunt u, beste lezer, een mooi middeleeuws buffet op tafel zetten. Of gewoon een dagelijkse schotel. Met een lekker glaasje Rijnwijn, een mooie Bourgogne of een kroes bier erbij. Moge het u smaken!

Detail het Kleine Laatste Oordeel

Jheronimus Bosch
Circa 1486 of later, olieverf op paneel, 99,5 x 117,5 cm

01

VROUW BECKER

–

Recept:
LIEFCOECKEN

‘Hij is niet goed voor u, vrouw Becker,’ zei Jacomo, zijn blik op het deeg. Ze sloeg haar armen over elkaar, alsof ze het koud had. Ze wist het, maar wat moest ze doen? De bakkerij, de kinderen – wat moest ze zonder? Opeens was hij heel dichtbij. Geen van beiden lette op de deur van de voorraadkamer.

WAT ze ermee aan moest, ze wist het niet. Het was elke avond raak de laatste tijd. Daarvoor ging het niet heel veel beter, maar de laatste weken was er die woeste blik in zijn ogen wanneer hij binnenwaggelde. Alsof ze hem van alles had aangedaan. Maar wat dan? Anna Becker, bakkersvrouw, was de wanhoop nabij.

Ze stond bij het winkelluik, wachtend op het takkenvrouwtje. Al snel zou de schemering vallen en kon het luik dicht. Aart was al vertrokken, een rammelende beurs onder zijn riem. Wanneer hij thuiskwam zou het zonder beurs zijn. Misschien op tijd om het vuur te stoken, om het deeg te kneden en te vouwen en te vormen. Wit brood voor de rijken, rogge voor de armen. Maar Aart zou zich te bedde begeven en omvallen. Als hij al thuiskwam.

Tersluiks keek ze naar Jacomo, de knecht die stoer en zwijgend zijn werk deed, gekleed alleen in bakkersbroek. Het witte meel, dat bleef plakken op zijn bezwete lijf, stak wit af tegen zijn donkere huid; Jacomo was een bastaard van Spaansen bloede. Zijn vader had hem alleen zijn doopnaam nagelaten.

Snel sloeg Anna haar ogen weer neer. Zou het zondig zijn om zo te kijken? Maar dan was het ook zondig om mooi te zijn.

Boven klonken lichte stappen op de houten vloer, het geluid van kindervoeten. Haar bloedjes, haar meisjes, daalden hand in hand de trap af, als engeltjes. 'Mogen wij een koek?' De oudste keek ernstig naar haar moeder, de jongste hoopvol. Anna knikte. Hand in hand liepen ze naar het koekenrek. Jacomo grijnsde hen toe. 'Koek is goed voor kleine meisjes,' zei hij. Zijn stem was donker als een Spaanse stier en rommelde in Anna's buik. De meisjes giechelden en renden langs Jacomo de trap op naar boven. Anna wendde zich blozend af.

*

Het takkenvrouwtje, gebogen onder een massa sprokkelhout, was wat later dan anders. 'Ik zag de bakker nog,' zei ze. Naast de oven ontdeed ze zich van haar last.

Wonderlijk was het, dat zo'n oude vrouw zulke lasten dragen kon. Van Vught, waar ze het hout sprokkelde, naar hier in de Verwerstraat. Soms gaf Anna haar wat extra, als bij ongeluk, en weigerde ze het terug te nemen. 'God stuurde mijn hand,' zei ze dan.

'Hij was weer met Gijs van Jan en Jan de Metser.' Terloops schudde ze haar hoofd. 'Daar komen moeilijkheden van, kindje. Let op mijn woorden.'

Het was of Anna's schijnbare vergissing bij het afrekenen het takkenvrouwtje een positie als raadgeefster had gegeven. 'Wat moet ik eraan doen?' Het vrouwtje knikte wijs. Maar had geen antwoord.

*

'Het voorwerk is verricht, vrouw Becker.' Jacomo wachtte rustig naast de houten troggen, waarin hij de melen had gezeefd en gemengd. Nu was de hand van de bakker nodig om het zure desem af te meten en door de gereedstaande mengsels te werken – al kon Jacomo dat even goed; de laatste maanden was bakker Becker vaak onbekwaam geweest.

'Blijf nog even,' zei Anna schuchter. 'Ik weet niet hoe laat de bakker komt. Misschien heb ik je nog nodig.' Zonder te kijken wierp ze hem een doek toe. 'Maar bedek je wel.'

*

Becker werd gebracht door zijn twee vrienden, die net iets minder ver heen waren dan hij. 'Wol hem maar onder de stop,' lalde Gijs en Jan de Metser gierde het uit. Met de armen over elkaars schouder vertrokken ze, in de richting van Jans huis. Want, verklaarde Gijs, 'ik wil pas thuiskomen als het weer licht is.'

Becker lag onelegant op de grond en snurkte. Zijn gezicht geplet tegen de plavuizen van de vloer. Jacomo bukte zich en nam de schouders van zijn patroon. Anna nam de voeten. Samen sjouwden ze hem naar de voorraadkamer en legden hem op een stapel halflege zakken. 'Dank je wel,' pufte Anna. Dat was voor de zoveelste keer.

Zwijgend volgde Jacomo haar naar de

bakkerij. Becker bleef achter in het donker. Hij snurkte luid.

*

Jacomo nam een houten lepel en roerde in de broodmoer, de zure pap die op wonderbaarlijke wijze zorgde voor een gerezen brood. Zijn bewegingen waren geroutineerd. Zwijgend werkte hij, gadegeslagen door Anna, die deed alsof ze nadacht.

'Hij is niet goed voor u, vrouw Becker,' zei Jacomo, zijn blik op het deeg. Ze sloeg haar armen over elkaar, alsof ze het koud had. Ze wist het, maar wat moest ze doen? De bakkerij, de kinderen – wat moest ze zonder?

Opeens was hij heel dichtbij. Geen van beiden lette op de deur van de voorraadkamer.

Terloops schudde ze haar hoofd. 'Daar komen moeilijkheden van, kindje. Let op mijn woorden.'

Jacomo was vertrokken. Het brood lag in rijen te rijzen, in de oven brandde een hevig vuur. Anna pookte wat in de vlammen. Gedachteloos. Alleen om iets te doen te hebben. Was ze zondig? Alle mensen waren dat. Maar zoals zij reageerde op Jacomo. Zij, een getrouwde vrouw.

Maar gelijk had Jacomo wel. Becker was niet goed voor haar. Hij had de ververij van haar vader veranderd in een bakkerij. 'Goed voor de handel,' zei hij, en een bakker in een straat van ververs verkocht inderdaad goed.

Maar vaak miste ze de handen van de ververs, zacht door het water, gekleurd door de verf; Becker had de hard gespierde handen van een bakker. Het was goed voor haar aanzien in de stad, de blanke handen die ze had behouden. Maar eigenlijk pasten ze niet.

Toch, menig vrouw zou in haar plaats gelukkig zijn. Het was ook niet anders, dit huwelijk was door de hemel bepaald en door het leven bezegeld. Twee prachtige dochters had zij ontvangen, een groter geschenk was niet denkbaar, al hadden het er ook vijf mogen zijn. Of nog meer, en jongens daarbij. Maar na het tweede kind was Becker gaan drinken en zij had hem niet meer kunnen verdragen. De ransel die ze kreeg maakte dat er niet beter op. Bang werd ze er wel van.

Ze zuchtte. En dan liep er ook nog een man rond als Jacomo.

*

Ze hoorde het hijgen pas toen hij achter haar stond. 'Vozen, hè, vozen!' Becker stootte haar in haar rug. 'Met een spanjool. Met een bastaard!' Ze draaide zich om, haar hand op de schouder waar hij haar had geraakt.

'Beter een bastaard dan een drinkebroer.' Vreemd, hoe kalm ze opeens was. 'Een drinkebroer? Ik zal jou!' Zijn hand ging naar de meelschop. Nog meer dan half dronken was hij, maar hij stond en hief de schop dreigend. Koude minachting steeg op vanuit haar middel. Bang voor hem? Nooit meer! Doodslaan zou ze hem, verbranden in de oven.

Ze draaide om haar as, nam een sprong voor hij haar kon raken en rukte een brandende tak uit het vuur. Alsof het een rapier was richtte ze hem op zijn dikke, rood aangelopen kop.

Hij grijnsde als een idioot en haalde uit. Ze ontweek de slag met gemak. Weer sloeg hij. Ze deed een stap terug, stapte weer naar voren en raakte met de gloeiende punt van de tak zijn wang.

Het duurde even voor de pijn door de alcohol heendrong, maar toen brandde het ook echt. Hij brulde als een beer. De pijn maakte hem nijdig, nijdiger. Hij zwaaide de meelschop alsof het een goedendag was, links, rechts, het ding gonsde door de lucht. Steeds sneller moest ze opzij stappen, de brandende tak als laatste verweer op hem gericht. Toen raakte de meelschop haar hoofd. Ze tolde en viel, de tak schoot weg en kwam tot stilstand op het droge hout.

Lang hijgde Becker na, de houten steel als houvast in zijn handen. Langzaam week de waanzin van zijn gezicht. 'Anna,' riep hij luid. Al die tijd hadden ze hun stem gedempt, alsof ze de kinderen niet wilden wekken. Hij wierp de schep weg en liet zich op zijn knieën vallen. 'Anna,' fluisterde hij nu.

Van onder haar hoofd liep een straaltje donker vocht.

'Anna.' Nog stiller sprak Becker. Hij barstte in snikken uit.

✻

Het droge hout knetterde en vlamde op. De vurige vingers betasten het houten plafond, vrat zich een weg door het strooien dak, sloeg, aangewakkerd door de wind, over naar het dak van de buren. Binnen een half uur brandde de stad tot aan het Minderbroedersklooster.

Op de markt, dicht genoeg bij de vlammen om hun hitte te voelen, stond een schildersgezel. Zijn ogen opengesperd. Alsof hij elke vlam, elke rookpluim in zich op wilde zuigen.

'Hij is niet goed voor u, vrouw Becker,' zei Jacomo, zijn blik op het deeg. Ze sloeg haar armen over elkaar, alsof ze het koud had. Ze wist het, maar wat moest ze doen? De bakkerij, de kinderen – wat moest ze zonder?

Liefcoecken

Het 'Notabel Boeckxen' (1514) geeft een recept voor liefcoecken, op smaak gebracht met *cruyt*. Dat kan bij het Duitse zusje *Lebkuchen* van alles zijn, soms alleen kruidnagel, dan weer gember en foelie. In peperkoek gaat kruidnagel, peper, nootmuskaat, anijs en koriander. En in de Franse *pain d'epice* zit kaneel en anijs, soms kruidnagel en peper, en heel soms kardemom.

Maar het resultaat van liefcoecken is met geen van alle te vergelijken. Je krijgt precies wat het recept voorspelt: een kruidige brokkelkoek om sausjes mee te binden en op smaak te brengen. Zo ben je zuinig met specerijen, die in de middeleeuwen heel duur zijn. In een soort kant-en-klaar brokje.

Om te maecken liefcoecken in alderhande sause te doene daer men inne besigen moet. Neemt in den eersten zeem ende doeten over tvier totdat hi werm si. Als hi werm es, so doeten af en de doet er cruyt8 inne ende bloeme. Dan rueret wel met eenen lepel. Ende als dick wert, so cnedet, Dan eest deecg, Dat suldij maken viercantich oft rond so ghi dat hebben wylt. Als ghij na u fautsoen ghemaect hebt so steectse in den oboven ende bacse wel. Maer den hoven en moet niet met allen heet sijn.

*CRUYT
Gelijke delen peper, gember en kaneel in libra (ca. 430 gram) en drie loot (ca. 42 gram) foelie.

Uit: 'Een notabel boecxken van cokeryen', 1514.

Er wordt natuurlijk ook peperkoek gebakken. Zeker voor de vastendagen een prima manier om het knagende gevoel in de buik tegen te gaan.

OM EENNEN GOEDEN KOECK TE MAKEN

Item op een talie * *honichs 2 1/2 loet pepers, 5 loet mischaten (nootmuskaat), 5 gembers ende 5 loot nagelen ende een half vierendeel loot saffraens.*

---

* lengtemaat: 1/10 deel ener el, 1 el = 69,4 cm, dus 6,94 cm)

Bron: MS UB Gent 476, recept 220, kookboek uit de 16de eeuw.

LIEVE KOEKJES VAN CEES HOLTKAMP

NODIG:
200 gram honing, 50 gram water, 50 gram rietsuiker, 300 gram roggebloem, 2 gram (1 theelepel) kaneelpoeder, 1 gram (½ theelepel) geraspte nootmuskaat, 4 gram (2 theelepels) gemberpoeder, 1 gram (½ theelepel) kruidnagel, een mespunt foelie, 12 gram (2 volle theelepels) bakpoeder en 2 gram (½ theelepel) zout.

BEREIDING:
Verhit de honing, het water en de rietsuiker tot 80 °C en doe dit mengsel bij de roggebloem, samen met de specerijen en het bakpoeder. Kneed het deeg goed dooreen en leg het minstens twee dagen weg.

Verwarm de oven voor tot 175 °C. Rol het deeg uit tot een centimeter dikte en steek er vormpjes uit, zoals hartjes, bloempjes, beren, ruitjes of maantjes.
Leg de koekjes op een vel bakpapier op een bakplaat. Bestrijk ze met melk, wacht een kwartiertje en bestrijk nog eens met melk. Bak de koekjes dan in ongeveer 12 minuten goudbruin.

02

DE INGESLOTEN NON

–

Recept:
KERSENMOES &
BOEKWEITPANNENKOEKEN

Ze wist het nog precies, hoe na een jaar haar tong het proeven was verleerd en hoe ze, beschaamd en begerig tegelijk, de groene toerte met haar handen tot achter haar oren had gesmeerd. Weer ging hij heen met de belofte van terugkeer. En weer hield hij woord.

ZE

was de hele dag onrustig geweest en begreep pas bij de vesper waarom. Het laatste licht dat door het getraliede venster viel, raakte de rand van haar brits – voor de eerste én de laatste keer dit jaar, dat had ze in vijfentwintig jaar wel kunnen constateren.

*

De dag was voorbijgegaan in gebed, als altijd, in het afsmeken van de zegen over de burgerij en de stad, in het aanvegen van haar vijftien ellen kleine kluis en in het aanhoren van de zorgen van alle mensen die haar bezochten. Die haar geheimen vertelden die ze in de biechtstoel niet kwijt wilden – te klein, te groot, te banaal. Een oudere vrouw kwam dagelijks haar hart luchten over de gewoonte van haar man, bedwateren, waar de pater geen belangstelling voor had. Een andere fluisterde over de avonturen van rentmeester Becker met de vrouw van de schout. Een gevaarlijk verhaal om te vertellen; rentmeester noch schout stond bekend om zijn vergevingsgezindheid. Bij haar kon het verhaal geen kwaad. Het stierf in haar cel, zoals zij er zou sterven. Maar zij zou *deo volens* in de hemel komen, het verhaal niet.

Ze at het brood dat de bezoekers haar brachten. Dronk hun dunne bier. Een heilige vrouw, noemden zij haar, die door versterving de hele stad en met haar lijden heel Brabant zou beschermen. Maar zij wist zichzelf niet heilig, zij was niet godvruchtig zoals echte heiligen. Zoals Julia. En hoe hard zij de lof ook verwierp, de roep van heiligheid bleef bij haar.

Een heilige vrouw, noemden zij haar, die door versterving de hele stad en met haar lijden heel Brabant zou beschermen.

De hele dag was ze onrustig geweest. Maar pas toen de zon na de noen begon te zakken en het licht, gefilterd door de lindebladeren, haar brits raakte, drong het tot haar door. Ze waardeerde zeer de linde, die haar cel tegen al te hevig zonlicht beschutte, die in de zomer haar neus plezierde met de geur van honing en haar oren met het warme gezoem van de bijen, die in dozijnen zijn bloemen bezochten. En eenmaal per jaar prees zij hem voor het doorlaten van die ene straal, die de punt van haar brits bereikte. Eenmaal per jaar.

Vorig jaar was hij gekomen tegen de schemer, gehuld in zijn grijze jas, zoals hij elk jaar gekomen was op deze ene dag.

*

Vijfentwintig jaar geleden. Wat een blomme was zij nog geweest, wat een kind. Al had zij haar eed van afzondering afgelegd als een volwassene, met het besef van een volwassene. Opgesloten zou ze blijven in deze cel, gebouwd tegen de Begijnenkerk, vijftien ellen breed, tien ellen lang, met een raam op het noorden waar altijd een zwarte doek voor hing – niemand mocht haar zien. De eerste dag waren de buren langs geweest. En de geesten van haar ouders, dat wist ze zeker. Maar hij niet. Hij kwam pas met de schemer, ootmoed in de mond en een pastei onder zijn kleed. Als ze haar leven op brood en water wilde doorbrengen, zei hij, was één laatste zonde geoorloofd.

Hij vertrok met de belofte terug te keren. En hij kwam, precies een jaar later, de eerste keer dat haar opviel hoe de zon net de punt van haar brits raakte. Groene toerte had hij voor haar meegebracht die keer. Ze wist het nog precies, hoe na een jaar haar tong het proeven was verleerd en hoe ze, beschaamd en begerig tegelijk, de groene toerte met haar handen tot achter haar oren had gesmeerd.
Weer ging hij heen met de belofte van terugkeer. En weer hield hij woord.

Zou hij komen? De vesper was voorbij, de hemel grauwde al in het avonduur. Zou ze het wagen? Zou ze kijken uit het raam, even een hoekje van de zwarte lap opzij trekken om uit te zien over het Begijnhof?

Ze hoorde van haar bezoekers over zijn leven, zijn huwelijk en zijn successen. Hoe hij werd opgenomen in de kring van schepenen. Elk jaar zweeg ze daarover, net als hij. Vorig jaar begon het gerucht de ronde te doen in de stad – grappig dat zij het als eerste hoorde – dat hij ziek was, dat de duivel hem een ziekelijk hoestje had bezorgd. En inderdaad, op die ene dag was zijn stem hees en kwam hij nauwelijks aan adem. De hand waarmee hij de linnen doek door de sleuf reikte beefde. Even had haar hand de zijne geraakt. Voor het eerst in al die tijd. Warm was zijn hand, en klam.

Na zijn vertrek pas had ze de doek geopend. Pannenkoeken met krieken en verse vijgen. Zo'n traktatie had ze lang niet gehad. Ondanks de geest van armoede, waarin zij hier woonde, versmaadde zij het geschenk niet.

*

Zou hij komen? De vesper was voorbij, de hemel grauwde al in het avonduur. Zou ze het wagen? Zou ze kijken uit het raam, even een hoekje van de zwarte lap opzij trekken om uit te zien over het Begijnhof? Ze stak haar hand uit en trok hem weer terug. Besluiteloos stond ze, in het midden van de kluis. Net zo lang tot al het licht verdwenen was.

Boekweit

In de middeleeuwen wordt op onze arme zandgronden veel boekweit verbouwd. Dit gewas heeft namelijk niet veel nodig. Boeren zaaien hier dan ook al boekweit sinds mensenheugenis.

Aanvankelijk wordt boekweit in Zuidoost-Azië gedomesticeerd, zo'n 6.000 jaar voor onze jaartelling. Vandaar gaat het gewas naar Midden-Azië, Tibet, het Midden-Oosten en zo door naar Europa. Maar pas in de loop van de 14de eeuw na Christus beginnen de Europeanen het gewas grootschalig te verbouwen, vermoedelijk door landontginning van armere gronden. Met succes.

Waarom noemen we *Fagopyrum esculentum* eigenlijk boekweit? 'Weit' kun je vergelijken met het Engelse *wheat*, al behoort boekweit niet tot de familie van de granen maar van de zuring. 'Boek' slaat op beuk: beukennootjes en boekweitkorrels hebben een beetje dezelfde vorm.

We kennen boekweit ook als Saraceens graan (in het Frans *sarassin*). Ergens loopt een taalgrens. Misschien is boekweit via het noorden en oosten naar ons land gekomen en het Saraceens graan vanaf de Middellandse zee, al dan niet in het kielzog van de kruisvaarders.

Detail uit de Hooiwagen

Jheronimus Bosch
circa 1485-1490, Olieverf op paneel, 135 x 100 cm

KERSENMOES

Om kersenmoes te maken haal je de pitten uit de kersen en kook je ze in stroperige rode wijn. Als ze gekookt zijn, wrijf je ze door een zeef. Je klopt 3, 4 of 5 eidooiers los met zoveel suiker als je lekker vindt en een beetje boter. Roer dat door de kersenprut en breng het weer aan de kook. Wel goed roeren, anders brandt het aan. Als je wilt kun je er wat kaneelpoeder over doen.

Bron: MS UB Gent 476, recept 174.

NODIG:

Nodig: 1 kilo kersen (of smokkel en neem twee potten ontpitte kersen op sap), ½ liter rode Spaanse (of Franse, of Italiaanse) wijn, 3 tot 5 eidooiers (afhankelijk van hoeveel vocht er vrijkomt), suiker, klontje roomboter, kaneelpoeder naar smaak.

BEREIDING:

Ontpit de kersen en doe ze met de rode wijn in een pan met dikke bodem. Kook de kersen tot ze zacht zijn en wrijf ze door een zeef. Klop 3 tot 5 eidooiers los met suiker naar smaak (begin met 1 eetlepel) en een klontje boter. Roer dat door de kersenmoes en breng het geheel aan de kook. Let op dat het niet aanbrandt, dus roer goed. Strooi er vlak vóór het opdienen desgewenst wat kaneelpoeder gemengd met suiker over. En bak er boekweitpannenkoeken bij.

BOEKWEITPANNENKOEKEN

NODIG:

Nodig voor vier pannenkoeken: 100 gram boekweitbloem, 2 eieren, 300 ml melk, zout en raapsmout (raapolie) of roomboter om in te bakken.

BEREIDING:

Zeef de boekweitbloem. Klop de eieren los in een kom en voeg het eimengsel beetje bij beetje toe aan de bloem, terwijl je roert met een garde of mixer. Doe de melk erbij en een snuf zout. Blijf kloppen tot er geen klontjes meer zijn en er een mooi luchtig, niet te dun en niet te dik beslag ontstaat. Het moet als een lint van een lepel lopen. Te dik? Roer er dan nog wat melk door.

Zet een koekenpan op het vuur en doe er een scheut raapsmout of flinke klont boter in. De pan moet heel warm en vet zijn. Giet een lepel beslag gelijkmatig uit in de pan. Wanneer de bovenkant gestold is, keer je de pannenkoek om met een spatel of pannenkoekmes. Bak de andere kant nu licht goudbruin op matig vuur. Keer nog een keer om.

Leg op een groot bord een omgekeerd schoteltje. Drapeer de pannenkoek over het schoteltje. Zo wasemt de pannenkoek mooi uit en is hij eenvoudig op te rollen. Bak met de rest van het beslag snel de andere drie pannenkoeken.

De boekweitpannenkoeken zijn zowel warm (met honing of stroop) als koud (met kersenmoes) erg smakelijk. Je kunt er ook nog wat suiker-met-kaneel over strooien voor de knerp.

03

DE WEGEN VAN DE MAAG

–

Recept:
VENKELWORST

Natuurlijk zagen de dorpers hen niet graag komen, maar wat konden ze doen? Heer Adolf sprak wel over vrede, maar als hij niet keek was er zo een kippetje overgelopen. Of een zwijntje, die zijn daar niet zo groot.

ACH

wat een gedoe was het geweest. Typisch die hoge heren. En een gemeen soldenaer moest zich maar voegen naar wat er kwam. Maar het was toch wel bijzonder, daar moest een oude vechtjas eerlijk over zijn. Ze hadden het geprobeerd, maar ze hadden hem niet te pakken gekregen. Na al die jaren – inmiddels was hij oud en stram, 44 alweer – kon hij nog janken om wat er toen was gebeurd. Zo mooi was het.

*

Het was in 1470. Ze lagen bij Nijmegen in bivak, niks dan koud water en lauwe brij. Voor heer Adolf vochten ze toen. Riskant, want heer Arnold van Gelre, zijn vader, was nog de baas. Tussen hem en heer Adolf boterde het niet en opstand tegen de heerser, daar was niemand blij mee. Maar heer Adolf was jong. En had de meeste dukaten.

Bij Nijmegen lagen ze dus, dertig man van het vak en een hele zooi zenuwachtige poorters, voor het eerst op oorlogspad. Koud was het, stief koud, wat wil je in januari, en die mannetjes waren gewend

03

aan warme huizen en hete vrouwen. Wat hebben ze gelachen.

Bij het ochtendkrieken kwam het bevel: oprukken naar Grave. Nou, dat was een wandeling. Het vroor, de zon scheen, er was geen wind. Die van Grave boden geen verzet, het kasteel was alleen wel gesloten. Maar dat vonden de soldaten helemaal niet erg; zelden zulke lekkere worsten gegeten als daar in Grave. En waar ze vandaan kwamen, geen idee, maar er lagen dampende koeken naast. Die boer was net klaar met zijn bakhuis.

Ze vermaakten zich wel, maar heer Adolf maakte zich zorgen. In het kasteel zat zijn vader en hij wist niet hoe hij binnen kon komen. Toch moesten ze verzamelen bij de gracht, in het donker. De brug was omhoog maar viel plotseling omlaag. Ze renden naar het valhek en een, twee, drie, ze waren binnen. Nog voor de wachter alarm kon slaan. Verraad waarschijnlijk. Sommige mensen deden alles voor geld.

*

In optocht ging het toen naar Buren, waar heer Arnold werd opgesloten in de hoogste toren. 'Die ouwe had het land naar zijn ondergang geleid', zei heer Adolf. 'En al het geld van de poorters voor eigen gewin gebruikt.' Nou ja, wie kon hem ongelijk geven? Maar heer Adolf wilde zijn plaats innemen en daarom moest die ouwe opgesloten blijven.

Het was kort maar krachtig. Jammer, ook dat die van Buren bevriend waren met heer Adolf, want ze moesten terugkeren naar de pap. En ze hadden zo'n aardige meisjes, daar in Buren.

Na al die jaren – inmiddels was hij oud en stram, 44 alweer – kon hij nog janken om wat er toen was gebeurd. Zo mooi was het.

Een tijd lang bleef het saai. Oefenen met de haakbus, lamballen met de jongens, af en toe een uitje naar de hoeren. Maar toen kwam er goed bericht. Heer Adolf moest naar heer Hertog Karel van Bourgondië. Later werd hij de Stoute genoemd. Heer Adolf kon niet weigeren: heer Karel was zijn leenheer.

*

Dus hij op weg naar Hesdin, vlakbij de Fransen is dat. Maar hij wilde geen gevaar lopen en nam zijn vaste jongens mee. De poorters waren alweer naar huis.

Een mooie reis was het, ruim zestig Hollandse mijlen. Het was vrede, het was zomer, de streken waar ze doorheen reden bloeiden en waren rijk, dus deze keer viel het eten weer mee. Natuurlijk zagen

Detail De Zeven Hoofdzonden,
gula of vraatzucht

Jheronimus Bosch,
1500-1525, Olieverf op paneel,
120 x 150 cm

Rechterpaneel Het Heremieten-drieluik

Jheronimus Bosch, circa 1493 of later, Olieverf op paneel, 85 x 29,5 cm

de dorpers hen niet graag komen, maar wat konden ze doen? Heer Adolf sprak wel over vrede maar als hij niet keek was er zo een kippetje overgelopen. Of een zwijntje, die zijn daar niet zo groot. Vijf dagen hebben ze gereden, toen verscheen Hesdin.

✻

Hij had toen al veel gezien, maar een stad als Hesdin nog niet. Geen wonder dat heer Karel zich daar vermeide. Een wildpark, zo groot als Frankrijk. Een kasteel zo groot als heel Nijmegen. En een eten! Boter, romig als engelenkonten, pittige rode kaas, die alle magen vulde en uit een streek verderop kwam brand die de heiligen kon verzoeken. En de joffers uit de streek waren als de boter. Ook nog. Heer Adolf had het moeilijk, maar zijn mannen niet.

Van het gedoe van de hoge heren had hij niet veel meegekregen, slechts noties. Heer Adolf zou gezegd hebben dat hij zijn vader liever met het hoofd naar beneden in een put zag werpen en er zelf bij zou springen, dan dat heer Arnold weer in ere werd hersteld. Moet nogal belangrijk zijn geweest.

Maar hoe belangrijk de kapitein ook was, er is altijd nog een generaal. Heer Karel wenste dat heer Arnold werd bevrijd en zag hem graag verschijnen, hier, aan zijn hof. Tegenstribbelen was zinloos. Heer Adolf probeerde het nog, maar moest zwichten. Toen kregen de soldaten het bevel om heer Arnold te gaan halen. Wat heer Adolf ermee voorhad was een raadsel. Hoopte hij dat ze zijn vader onderweg zouden ombrengen? Maar ze waren geen moordenaars. Bovendien had hij er niet voor betaald.

Verraad waarschijnlijk. Sommige mensen deden alles voor geld.

Zo mooi als de heenreis was geweest, zo zwaar werd de terugreis. En nu moesten ze het doen in twee dagen. Het weer was omgeslagen, ze hadden geen tijd voor dorpsbezoeken en de enkele herberg die ze vonden was net geplunderd door een groep bandieten.

Humeurig kwamen ze aan in Buren, tegen het vallen van de avond, en daar werd het er niet beter op. De poorters waren vijandig en de wacht wilde hen niet toelaten voordat zijn heer was teruggekomen van reis. Ze bedoelden heer Adolf, de sukkels. Pas diens zegel op het officiële vrijlatingsbevel deed hen de poort openen. Heer Otto van Buren, die de heer Arnold onder zijn hoede had, reageerde woedend op het vrijlatingsbevel. Later bleek dat hij en Arnold al veertig jaar aartsvijanden waren, vanaf hun ridderslag.

Maar ook hij moest buigen voor het zegel van heer Adolf. Hij liet hen wachten op de binnenplaats, waar inmiddels de

regen neersloeg, zonder zelfs een bete broods.
De nacht viel en de soldaten maakten kwartier, maar hun slaap werd verstoord door de emmers pis die de Burenaren op hun tenten gooiden.

Een uur na zonsopgang verscheen heer Otto met een man die zo oud leek als Methusalem. Was dit heer Arnold? Hertog van Gelre, bondgenoot van Karel de Stoute? Deze bibberende man met de waanzin in zijn ogen? Hij viel hen juichend in de armen. Hij, een hoge heer. En hij beloofde sommen omdat ze zijn bevrijders waren, en aflaten, en wat niet meer. De soldaten geloofden hem niet. En hebben ook nooit iets van zijn beloften waar zien worden.

✻

Met zijn vertrouwde kleren aan, een rode mantel en een blauw velours buis, werd Methusalem een Salomon. Heer Arnold groeide en leek in het gezelschap van de soldaten ineens de grootste. 'Wij moeten u naar Hesdin begeleiden', zeiden ze. 'Daar wachten uw leenheer en uw zoon.' Hij stak zijn hand op: 'Hoe gaarne ik ook aan het verzoek van heer Karel voldoe, als was het een bevel, eerst wil ik naar 's-Hertogenbosch om mijn dank te betuigen aan Maria.'

Daar was hij niet vanaf te brengen, hoe hard ze het ook probeerden. Dus haalden ze hun schouders op en zetten hem op een paard. Hij vroeg nog om bevrijding van zijn vrienden uit Buren, maar het antwoord van de heer Van Buren luidde: 'Nee'.

Daarop vertrokken ze. Heer Arnold was zeer verzwakt door zijn gevangenschap en kwam nauwelijks vooruit. Ook hadden ze de bevolking tegen, die hen de verkeerde kant opstuurde of de oversteek weigerde, veilig vanaf de andere kant. Het schemerde al toen ze bij het veer van Hedel kwamen. Gelukkig was de schipper van Hedel aan hun kant; zonder beurt te vragen zette hij hen over. En toen ook het laatste zonlicht was verdwenen, zagen ze 's-Hertogenbosch. De hemel was bewolkt, af en toe viel een stevige bui, ze verlangden naar de omsluiting van de stadswallen.

'Kijk,' zei een van de kameraden maar iedereen had het al gezien: lichtjes op de transen, als een koorde van sterren. De deuren van de poort stonden open, mensen droegen toortsen op de wallen en in de straten, en juichten hen toe. Juichten heer Arnold toe. De tranen stonden hen in de ogen en ook hij huilde, heel de weg van de poort naar de Sint-Jan, waar hij afsteeg en drie uur in gebed bleef bij Maria. Toen pas zocht hij onderdak bij de Minderbroeders en konden de soldaten vermaak zoeken in de stad.

✻

Twee dagen later reisde heer Arnold door naar heer Karel. Zelf is hij niet meegegaan. De Bosschenaren verwachtten oorlog met heer Adolf en zochten ervaren soldenaers om de verdediging te leiden. Dus hij bleef. Mooie joffers ook in deze stad. En hun beulingen zijn fantastisch.

Over goede worsten

Bij een goede Italiaanse slager is hij zeker vinden en bij de betere speciaalzaak in Nederland hopelijk ook. *Finocchiona* is een Toscaanse salami die zijn naam dankt aan het venkelzaad dat hem zijn aroma geeft. Volgens traditioneel recept, dat zeker terug gaat tot de middeleeuwen: in een Napolitaans handschrift met recepten uit de 15de eeuw is een recept te vinden voor 'goede worst'. Met venkel.

Uit papyrusrollen, gevonden in Egyptische graven, blijkt dat venkel dan al een grote rol speelt. Vanwege de zoete en aromatische smaak en geur, maar misschien vooral vanwege de medicinale werking. Venkel kalmeert buikkrampen, verdrijft een opgeblazen gevoel en breekt het vet.

Ook in de vroege middeleeuwen mag de venkelplant niet in de kruidentuin ontbreken, zoals blijkt uit het moestuinboek 'Hortulus' van abt Walafried Strabo, hier in de vertaling van Vincent Hunink:

Venkel

Ook venkel wil ik graag met ere noemen,
Zijn rijzige stronk en breed gestrekte takken,
Zijn matig zoete smaak en dito geur.
Hij baat wanneer je een waas voor ogen krijgt,
Maar venkelzaad met geitenmelk werkt ook
verzachtend bij verstopping en brengt trage
darmen weer in beweging. Venkelwortel
door wijn geroerd, tenslotte, helpt tegen hoest.

Jacob van Maerlant bezingt de faam van venkel in 'Der naturen bloeme' (ca. 1350). Het eerste couplet:

"Feniculus, alst Platearius toghet,
es .i. cruud dat waremt ende droghet,
ende es van subtilen saken;
dese doet wel orine maken.
Wortel, blade ende saet
sijn in visiken toeverlaet."

"Venkel, zoals de arts Platearius betoogt
Is een kruid dat warmt n droogt
En het heeft een subtiele macht
Zodat je lekker plast met kracht
Wortel, blad en ook het zaad
Zijn de medicus' steun en toeverlaat!"

Kruidenkenner Dodoens prijst venkel in zijn kruidenboek uit 1554 uitgebreid voor de melkvorming, bij pijn in de nieren, als menstruatiebevorderend kruid en vochtafdrijvend middel.

En dan is het ook nog gewoon een voortreffelijk keukenkruid.

VENKELWORST

Piglia carne magra de porcho ho de vitella magra he grassa, he falla battere molto bene, he guarda che non ci sia nervi, et se la carne he .x. libre, meteli meza libra de sale he onze due de fnoghio ben nettado, et due onze de pebro grossamente pistado, he miscola tute queste cose insema he lassa stare per uno di. Dapoi tolle budella ben nettata he impele de questa materia, poi pone le salzize a suager al fumo.

Uit: 'Platina',1421-1481, *lucanica* (worst), recept VI, 23.

De letterlijke vertaling:
Neem mager varkensvlees of mager en vet kalfsvlees, en hak het goed; en zorg dat er geen zenen in zitten. Als je tien pond vlees hebt, neem dan een half pond zout, twee ons goed schoongemaakte venkel en twee ons grof gemalen peper. Meng alles goed samen en laat het een dag staan. Neem dan goed schoongemaakte darmen en stop er het mengsel in. Laat de worsten drogen in de rook.

De vertaling naar de keuken van nu:

NODIG:
1 kilo vlees van varken (vet en mager) en kalf (mager) – meer varken dan kalf, 12 gram zout, 8 gram peper, 20 gram venkelzaad, gewassen varkensdarmen, 1 worststoppertje, dat u zo nodig van uw slager leent, een worstmachine of diezelfde slager die het voor u regelt.

BEREIDING:
Maal het vlees grof en meng er de peper, venkel en het zout doorheen. Laat de smaken een nachtje intrekken in een afgesloten bak op een koele plaats.
Was de darmen goed schoon en trek de opening voorzichtig over de tuit van het stoppertje. Stroop een stukje van de darm op en prop wat worstmengsel door het tuitje in de darm. Schuif het gehakt voorzichtig door. Vul de worst nu stukje voor stukje. Doe de darm telkens weer om het tuitje. Wanneer er steeds een propje gehakt als een rond bolletje uit het tuitje steekt, is de kans op scheuren het kleinst. Ga zo door tot de darm gevuld is. Afbinden hoeft in principe niet, maar om op te hangen is het wel praktisch.

Detail De marskramer

Jheronimus Bosch,
circa 1493 of later, olieverf op
paneel, 71 x 70,6 cm

04

GEERT EN GEERTE

–

Recept:
BOERS BINNENWERK

Hij kon er niets aan doen dat zijn vrouw groter was dan hij, en potiger, en een hand gaf als een kerel. Al dat roeren in de potten met pruttelende vulling had Geertes spieren gestaald. Net als haar karakter.

VROUW

Van Straten deed al het werk, dat wist iedereen. En iedereen keek haar man erop aan. Was dat nou een vent? Een vleeshouwer nog wel, iemand die op bloed en dood zijn leven bouwde.

Ja, dat was hij, dacht Geert Van Straten. Hij kon er niets aan doen dat zijn vrouw groter was dan hij, en potiger, en een hand gaf als een kerel. Al dat roeren in de potten met pruttelende vulling had Geertes spieren gestaald. Net als haar karakter.

*

Van Straten nam de varkenszijde nog iets steviger in de greep en liet zijn bijl neerkomen tussen de achtste en negende wervel. Ze was al niet heel meegaand geweest toen ze trouwden, maar hij had niet veel keus gehad. Zij trouwens ook niet. Hij was de jongste van de slagersfamilie en mocht blij zijn dat Vader hem een eigen plek had kunnen geven. Zij was het buurmeisje, met als bruidschat niets dan haar ongeëvenaarde werkkracht. En haar naam. Geert en Geerte. Tot grote lol van de hele straat, want wie had de broek aan?

Weer hakte hij met het bijltje in op de zijde, en weer, tot de ruggengraat door was. Met een zucht bekeek hij het resultaat. Er zat een verkleuring aan de binnenkant waar de keurmeester wel weer over zou vallen.

✱

Hij rustte even, zijn onderrug op de slachtbank. Hij was nooit zo groot geweest als zijn broers, of zo lomp als zij. Ooit had hij gedacht dat zijn moeder een andere man had bewilligd, maar naarmate hij ouder werd had hij ook de overeenkomsten met zijn vader gezien: de neus als een knol, de waterige blauwe ogen.

Maar anders dan zijn vader had hij nooit plezier gehad in het vak. De beesten moesten dood, daarvoor waren ze geschapen en daarvoor was de mens geschapen. Maar zijn vader schiep er genoegen in, in het zo langzaam mogelijk afmaken van een beest. Hij leek te genieten van de doodsangst in een kalveroog.

Daarin, dacht Geert, leek zijn vrouw meer op zijn vader dan hij. Niet alleen daarin, trouwens. Ze had dezelfde grofheid van bewegen, dezelfde doordringende stem.

Geert wreef zijn voorhoofd droog. Van de buurvrouw wist hij vooral nog hoe haar haren glansden in het zonlicht wanneer ze bij hen binnenkwam. En dat gebeurde nogal eens. Jammer dat ze dood was. Jammer dat haar dochter wel de haren, maar niet de rest van haar moeders schoonheid had geërfd.

Geerte verscheen op de deel. ‘Schiet het op?’ Haar stem droeg vijf huizen ver en klonk bars, ook als ze vriendelijk sprak. ‘Bijna.’ Hij hief de zijde met een hand en droeg hem naar de pekelkuip, waar het donkerrode brok bubbelend in het troebele vocht verdween. ‘Schiet een beetje op.’ Hij knikte opgewekt, maar stak achter haar rug zijn middelvinger op. Groot en lelijk was tot daar aan toe, maar dat bevelen begon hem de keel uit te hangen.

De beesten moesten dood, daarvoor waren ze geschapen en daarvoor was de mens geschapen

Van wie had ze dat? Geert kon zich haar vader nog wel herinneren. Een vrolijke man, zonder zitvlees. Hij werkte als sjouwer of los werkman, hielp een warmoezenier op drukke dagen en sprong bij als opper wanneer er vraag was op de bouw. Hij was al vroeg dood gegaan. Dronken met een vriend het water van de Haven ingelopen. Het was winter, het zwarte ijs brak en ze kwamen niet meer boven.

Geertes moeder vond troost bij Geerts ouders. Zijn vader, toch een nors man, was onverwacht vriendelijk tegen kleine Geerte, die toen al brutaal de wereld in keek. Zijn moeder drong aan op een huwelijk, Geertes moeder was terughoudender.

*

Geert nam een nieuwe zijde en zette het mes in de vette kant. Het broekvet hield hij apart, daar gaf de pasteibakker goed geld voor. Het harde buikspek was goed om te roken. De restjes vlees van het karkas en het rugspek gingen in de beuling.

Hij smeet de rode massa in een emmer en liep naar voren, waar de waterdamp de ruimte vulde. In de mist schommelde Geerte rond, haar enorme achterste als een bewegende steen.

*

Jammer dat er geen kinderen waren gekomen, dacht Geert. Dat zou haar en zijn leven vulling hebben gegeven – vrolijke stemmetjes in huis, lepels pap voeren, net als hij zijn moeder vroeger had zien doen.

Maar Onze-lieve-heer had het niet laten gebeuren, al dacht hij soms dat Geerte zelf er de hand in had. Soms, als hij in de warmte van hun bed naar haar tastte sloeg ze zijn zoekende hand af, hoewel hij toch slechts het recht van de echtgenoot wilde uitoefenen. Was dat toevallig altijd halverwege haar stonden? Die kende hij haast uit zijn hoofd. Het waren de enige dagen dat de beulingmakerij gesloten was: vrouwen mochten tijdens hun periodes niet met vlees werken, op straffe van bederven. Al schond Geerte dat gebod meer dan eens en dan ging er niets mis met de beulingen. Misschien was dat eigenlijk geen vlees, omdat er zoveel rogge in ging.

*

Ze bonkte achterwaarts tegen hem op en hij moest zijn evenwicht herstellen. Hij onderdrukte de neiging om haar, als een echte man, op het achterwerk te petsen. Hij wist wat daarvan kwam.

Geert en Geerte, dacht hij. Zouden ze hier ook hebben gewoond als hij Krelis heette en zij Janneke?

Het waren de enige dagen dat de beulingmakerij gesloten was: vrouwen mochten tijdens hun periodes niet met vlees werken, op straffe van bederven

detail De Hooiwagen

Jheronimus Bosch
1485-1490, Olieverf op paneel,
135 × 100 cm

Slacht

Varkens, runderen, schapen en geiten. Paarden, ezels en gevogelte. Uiteindelijk komen ze allemaal terecht op het bord.

Oorspronkelijk is het boeren om veel meer te doen dan alleen vlees en melk. Runderen leveren ook leer en koeienhoornen en botten worden knopen, bestek en andere gebruiksvoorwerpen. Varkenshaar is perfect voor borstels en schapenwol voor kleden en kleding. Het schapenleer wordt gebruikt voor perkament (*vellum*) om op te schrijven, maar ook voor handschoenen, boekomslagen en zakken om wijn, olie of andere vloeistoffen in te vervoeren.

Een gemiddelde keuterboerderij heeft twee of drie koeien: voor melk en om kalfjes voort te brengen. Kalfsvlees is namelijk zeer geliefd, dus de vleeskalfjes worden flink vertroeteld. Rundvlees is ook luxe, maar eenvoudiger te krijgen dan kalf, of wild. De ossen worden voor de ploeg gespannen of trekken de kar. Het ossenvlees, vaak taai en stevig, wordt gepekeld en gekookt. De bouillon is heerlijk in stoofpotten, soepen en sausjes. Maar de adel heeft niet veel op met ossenvlees en prefereert kalf, haarwild en gevogelte. Schapenvlees (en lam) is heel populair voor stoofpotten.

Slachten vereist een strakke organisatie. Het vlees moet razendsnel worden verwerkt – vóór de aasvliegen het bloed ruiken en vóór het bederf intreedt. November is niet voor niets de slachtmaand: dan is het koel genoeg om het hele dier in een dag te kunnen verwerken. De ingewanden en het bloed zijn het kwetsbaarst, die worden vaak al op de dag zelf gegeten. Verder wordt er gepekeld, gerookt, gedroogd en ingemaakt. Dat maakt het vlees houdbaar en kan het het hele jaar door op de markt gebracht worden. Rundvlees wordt vaak gedroogd tot 'rookvlees', zoals nog steeds gebeurt bij Achterhoekse nagelholt, *Bündnerfleisch* uit het Zwitserse Graubünden en de Noord-Italiaanse *bressaola*.

De darmen worden tot worst gevuld met lever en kleine stukken vlees, op smaak gebracht met zout, specerijen en soms wat kruiden. Van de grotere stukken varkensvlees wordt ham gemaakt. Hammen, zijden spek en droge worst vragen om tijd en een opslagplek, en dat is kostbaar. De bloedworst, hoofdkaas, verse worsten en zulten leveren gelukkig direct inkomsten op. In de steden is vers varkensvlees een delicatesse. Varkenspootjes, ribstukken, verse worst, de niertjes, lever, de varkenskop met oren en de hersenen; het is allemaal smulwerk.

BOERS BINNENWERK

Botellus, bowres, bowels

Neem longen, hart, nieren, milt en ribben van het zwijn _ of anders eend of gans. Hak klein en kook het bijna gaar in schoon en zuiver water. Haal het eruit, laat uitlekken en doe in een schone pot. Doe er nu genoeg bier bij, plus salie en zout, en kook het hele maal gaar. Dien het dan op als een goede ketelkost.

Uit: *Two Fifteenth-Century Cookery-Books* (1430)

NODIG:
de longen, nieren en milt van een pas geslacht varken en een rek van circa 10 spareribs, water, ½ liter hopbier, zout en 4 blaadjes salie.

BEREIDING:
Maak de longen, nieren en milt goed schoon en snijd ze in grote stukken. Was de ingewanden goed met koud water. Snijd de spareribs zo nodig bij, maar laat het vet eraan.

Doe het vlees in een pan met ruim water en kook het een keer op. Schuim zo nodig af. Haal de milt, nieren en longen na 10 minuten uit de pan en leg ze apart op een bord. Kook de ribben verder gaar.

Doe het bier in een pan met salie en zout naar smaak. Laat daarin de ingewanden en ribben verder garen. Dien op met stevig gerstebrood.

Het kookvocht wordt vast niet weggegooid, maar gebruikt als bouillon voor andere gerechten.

05

VISSERS-LATIJN

–

Recept:
SNOEK

Welk dier kon zo'n taai bouwsel slopen? Hij had steuren gevangen met zijn blote handen, vissen zo groot als een varken. Maar dat moeten slanke deernen zijn geweest, vergeleken met deze. Was het wel een dier?

AL van vijftig ellen kon hij zien dat de stokken van de fuik, gisteravond nog zorgvuldig rechtgezet, scheef stonden tegen de grijze hemel. Geen mensenhand was dat geweest, dat wist hij zeker. Onder de lage luchten tussen hem en Bokhoven lag niets dan drassig land of verlandend water, vol zuigpoelen en zinkvelden. Paden zonken weg in pappige grond, onverwachte kreken maakten de voortgang onmogelijk. Was er in de laatste wolfsmaand niet nog een kind verdwenen? Geen mens waagde zich hier dan hij, Johannes Janszoon Bijl, visser in een lijn van generaties.

Boven zijn hoofd zwierde de eerste vlucht talingen van het seizoen, maar het ijs lag nog krakend op de hoogte bij Vuchte. Zo vroeg in het jaar was het nog.

*

Binnensmonds grommend – hij durfde niet te vloeken op deze vastendag – haalde hij hand voor hand de fuik van wilgentenen omhoog, in de hoop de schade

05

beperkt te houden. Maar tevergeefs: halverwege viel het vlechtwerk uit elkaar. Hij smeet het van zich af en het zonk. Welk dier kon zo'n taai bouwsel slopen? Hij had steuren gevangen met zijn blote handen, vissen zo groot als een varken. Maar dat moeten slanke deernen zijn geweest, vergeleken met deze.
Was het wel een dier?

✻

Hij sloeg drie kruisen, bad een weesgegroetje en spiedde bezorgd om zich heen. Er deden vreemde verhalen de ronde, in deze winter van het jaar 1495. Sommigen hadden vuren gezien aan de hemel, maar er was geen brand. Anderen zagen vreemde dieren; geen vogel al had het een getande eendenbek, geen mens al zaten er handjes aan. Die schilder uit de stad had er een prentje van gemaakt waarnaar Jan en alleman kwam kijken. Rare mensen, stadters.

VISSERSLATIJN
–
Recept:
SNOEK

De hut waar Johannes woonde met Marike, zijn vrouw, stond net buiten de stadsmuren maar nog niet in het veld. Hij was geen boer en geen stadter, hij hoorde nergens bij en dat wilde hij zo houden. De schout kwam zelden langs, die bleef liever in de veiligheid binnen de muren.

✻

Uit de wolken vlaagde hagel, het ratelde op zijn rieten hoed. Hij bukte onwillekeurig. Zijn blik volgde de loop van de kreek vanaf het smalle deel aan zijn voeten, waar nog ijs aan het kiemhout korstte. Bruin water stroomde naar de Maas, een steeds bredere vloed die opging in de donkere einder.

Hij wilde zich oprichten, maar verstijfde. Op tien meter afstand kolkte het water alsof er een reuzenarm onder water bewoog. Een bruine rug kwam even boven, breed als het Korenstraatje, gespierd als die van een os. Wat voor monster was dat?! En terwijl hij toekeek spleet het water en sprong een godvergeten beest uit het water, hoger en hoger alsof hij de hemel wilde raken, zijn soepele lijf strekkend en wendend alsof het probeerde te vliegen. Van zijn vel spatten glinsterende druppels. Toen stiet het beest een schreeuw uit. En Johannes wist zeker, al wist hij dat het niet kon, hij wist zeker dat die tot in Bommel te horen was.

Op tien meter afstand kolkte het water alsof er een reuzenarm onder water bewoog. Een bruine rug kwam even boven, breed als het Korenstraatje, gespierd als die van een os. Wat voor monster was dat?

Bevend keerde hij terug naar de stad. In twintig jaar vissen had hij nog nooit van een dergelijk wezen zelfs maar gehoord.

Nu wist hij waarom dat kind verdwenen was. En waarin.

✻

Bij de Orthenpoort kwam hem Weyegerganck tegemoet, zijn opponent op de Vismarkt, met zijn dikke gezicht, zijn monkellachje en zijn steelse verwijzingen naar zijn hogere komaf. Hogere komaf, het mocht wat. En een visser was het ook niet. Nog nooit had hij een voet in de modder gezet, zijn waren kwamen van ver buiten de stad, gekocht van een handelaar. Weyegerganck verkocht alleen vis uit zee, pladijs en schelvis en makreel. Alsof die beter was dan de paling uit de Dieze.

Weyegerganck hief zijn hand, een groet met spot in de ogen.

'Wat zie je witjes,' teemde hij. 'De duivel gezien?' 'Krek,' antwoordde Johannes kortaf. 'Een monstervis, groot genoeg om een Weyegerganck te kunnen verteren.' Zijn rivaal trok zijn wenkbrauwen tot boogjes. 'Zó groot? Men ziet nog eens iets buiten de stad.' Hij glimlachte. 'Een hele Weyegerganck nog wel. Toe maar.' Hoofdschuddend vervolgde hij zijn weg. Ook Johannes liep verder, ziedend. Die neerbuigende aap. Hij zou het bewijzen. Hij zou Weyegerganck de mond snoeren en met hem al die anderen, die neerkeken op een eenvoudig vissersman. Zijn vrouw bij de kraam zag dat ze hem niets moest vragen.

✻

De volgende morgen vroeg, net na de lauden, stond hij van zijn strozak op. Marike sliep nog, haar tong uit haar mond. Zachtjes scharrelde Johannes de hut uit en keek naar de einder. Achter de massa van de stad begon de hemel te gloren.

De avond ervoor had hij zijn wapens bij elkaar gezocht. Hij zou niet genoeg hebben aan hengel en haken, er was zwaar geschut nodig. Zijn drietand, bijvoorbeeld, met weerhaakjes aan de binnenkant van iedere tand. Kostbaar want hij was van ijzer. Dan zijn harpoen, zelf gemaakt uit een essen staaf en het gewei van een hert dat hier jaren geleden verdronken was. Zelden gebruikte hij die, maar nu had hij hem nodig. Ten laatste zijn grote mes, tweesnijdend, dat ooit bedoeld was voor de krijg maar bij het doden van steuren en meervallen zijn nut meer dan bewezen had.

Hij legde alles op de slee, sloeg het touw over zijn schouder en zette koers naar het noorden. Zijn voeten trokken een spoor van ondiepe kuiltjes die volliepen met water.

✻

De staken van zijn fuik, verder nutteloos geworden, waren hem tot baken. Hij had liggen denken over zijn jachtmethode, de hele afgelopen, slapeloze nacht lang. De grootte van het monster verplichtte het in dieper water te blijven, in een van de diepere, naamloze kreken die als zilveren slangen door het moeras liepen. Sommige kwamen samen in een grotere stroom, op weg naar de Maas. Natuurlijk kon het dier ook in die rivier verdwijnen, dan was alle jacht zinloos, maar Johannes had het idee dat het zover niet kon komen. En daarvoor had hij een reden.

De afgelopen kerstmaand teisterde een zware storm de stad. Menig dak was afgeroomd door de wind, houten dakpannen waren verstrooid tot in Empel. Dezelfde storm had alle bomen in het buitenmuurse omgewaaid, op een enkele taaie es na. Een kluwen van wilgentakken sloot nu de grootste stroom af, net bij de monding in de Dieze. En net in een bovenloop van die stroom had Johannes zijn fuik gezet. Er was maar een conclusie mogelijk: het monster was met hoogwater in november de rivier opgekomen, had zich in de kreek verscholen en kon nu niet meer weg.

Zijn oren bonsden, hij klemde zijn tanden op elkaar. Die Weyegerganck zou opkijken.

*

Een randje zon verscheen boven de stad toen het lopen te zwaar begon te worden; bij iedere stap zakte hij tot zijn knieën weg. Hij trok de slee naar zich toe en ging er plat op liggen. De holle bodem zakte, maar de randen bleven net boven water – eigenlijk was het meer een bootje dan een slee, dacht Johannes. Maar beter dan een boot, die alleen op het water bruikbaar was. Een eigen uitvinding ook nog. Met zijn handen peddelde hij vooruit, zijn lijf als een stramme paal op de harpoen en de drietand.

Hij bereikte de stroomrug langs de kreek, trok zijn sleetje op het droge en strekte zich even uit om op adem te komen. Het peddelen was zwaar werk geweest. Maar al snel hernam hij zich en sloop, gebogen, zijn harpoen in de hand, over de rug langs de brede kreek.

Stil was het water hoewel het stroomde. Hij volgde de rug tot aan de monding van de kreek, die inderdaad was afgesloten door omgewaaide bomen. Maar niet volledig; aan zijn kant van het water was de takkenlaag dunner. Hier moest het gebeuren, bedacht Johannes. Het opgejaagde beest zou proberen uit te breken en hem te treffen. Hem en zijn harpoen.

Nu nog even bedenken hoe hij het dier op zou jagen. En hoe hij het moest vinden.

Hij zou niet genoeg hebben aan hengel en haken, er was zwaar geschut nodig.

Vier uur later smeet Johannes zijn harpoen op de grond en liet zich ernaast vallen. Hij had gewaad en gezwommen, hij had over dijkjes geslopen en over gevallen stammen gebogen, hij had alle armen van de kreek doorzocht en niets gevonden. Alleen een snoek van twee ellen lang, en karpers die, sloom van het nog koude water, zo in hun kieuwen gegrepen konden worden. En wolken jonge visjes, zalmpjes misschien wel, die volgens sommige collega's uit de modder ontstonden, maar dat was natuurlijk onzin. Iedereen kon weten dat ze meekwamen met de trekvogels, waarschijnlijk aan hun modderige poten. Want waar waren ze voordat de trek begon?

Bekaf staarde hij voor zich uit. Misschien

De verzoeking van de heilige Antonius

Jheronimus Bosch,
ca. 1500–1510, olieverf op paneel, 38,6 x 25,1 cm

Detail van Verzoeking van de heilige Antonius

Jheronimus Bosch, circa 1501 of later, olieverf op paneel, 131 x 238 cm

was het monster wel weg. Mogelijk zat er toch voldoende ruimte onder de omgevallen boom. Of misschien was het een duivel en was hij gevlogen. Even huiverde Johannes en keek hij om zich heen. De dag had zich tot de eerste van de lente ontwikkeld en duivels hielden niet van zonlicht, dat was bekend.

Hij stond op, pakte zijn wapen en liep in de richting van de omgevallen wilg. Eigenlijk alleen maar om zichzelf te overtuigen.

Er was maar een conclusie mogelijk: het monster was met hoogwater in november de rivier opgekomen, had zich in de kreek verscholen en kon nu niet meer weg.

Hij naderde vanuit het noorden met de zon in zijn gezicht. Het water was een ondoorzichtige, zilveren spiegel waar zwarte takken uit groeiden. Hij hurkte naast de stam en keek in het water waar de schaduw van de boom als een luik zicht gaf op de bodem.

VISSERSLATIJN

–

Recept:
SNOEK

*

Hij zag een oog. Een groot oog. Geen menselijk oog. Het was door en door zwart en lag haast op een donkerbruine huid. Maar er sprak een begrip uit dat alle dieren oversteeg.

Het oog zag hem ook.

Johannes verstijfde. Daar was het monster! Hij was niet weggezwommen door een onverwachte opening, maar met zijn twintig ellen strekkende lijf gewoon in de kreek blijven wachten op hem. Op hem! Heel langzaam schoof hij zijn hand naar achteren, naar de harpoen. Voorzichtig trok hij het wapen naar zich toe. Het oog onder water knipperde, bijna menselijk, maar het monster bewoog niet. Wat nu? Om kracht te kunnen zetten moest hij opstaan, maar dat zou het monster alarmeren. Toch, wat zat er anders op?

Langzaam kwam hij omhoog, de harpoen in positie. Het monster bewoog niet en even voelde Johannes zich belachelijk, een kleine man onder de blauwe koepel van de hemel, klaar om een stokje te prikken in een reus.

Hij mikte goed en gooide, maar het monster bewoog een vin en dreef vijf duim weg. De harpoen miste.

Ziedend haalde Johannes het touw naar zich toe en hief opnieuw zijn wapen, mikte weer, gooide weer, miste weer. Het beest had maar heel even bewogen.

Een spelletje! Het beest speelde een spelletje! Razend en tierend haalde Johannes het touw weer in en wierp, haalde het touw in en wierp, tot zijn hoofd bonsde en zijn adem gierde.

Nu had het dier er genoeg van. Langzaam zwom het weg, de kreek op, alleen zichtbaar door de krachtige kronkels die het maakte in het zilveren wateroppervlak. In een allerlaatste poging, bezweet, kwaad en afgemat, smeet Johannes de harpoen nog een keer, bijna in het wilde weg. Het touw kronkelde om zijn enkel, de harpoen stokte in zijn vlucht en Johannes viel met een kreet in het ijzige water.

Het leek wel of het monster daarop had gewacht. Naar adem happend kwam Johannes boven en zag een enorme, platte staart boven water uit komen en weer verdwijnen. In het wateroppervlak verscheen een bult, waar de kop van het monster onder zat. De bult naderde snel. Het kwam hem rammen! Johannes klauwde naar de takken van de wilg, schopte in diep water naar vaste grond. Weg, hij moest weg, maar de takken braken in zijn handen en de bodem was veel te diep. Met opengesperde ogen staarde hij naar zijn naderende lot. Tien ellen. Vijf ellen. Hij wilde zijn ogen sluiten maar hij was als verlamd.

Opeens verdween de bobbel. Paniekerig spiedde Johannes rond. Nergens beweging.

✻

Toen, net voor hem, op nog geen armlengte, brak opeens het oppervlak. Het monster verscheen rechtstandig, razendsnel, enorm. Het steeg en steeg, alsof er vleugels aan zijn vinnen zaten, en Johannes had kunnen zweren dat om de lange snuit een minachtende glimlach lag.

Met een boog en een plons verdween het onder water, aan de andere kant van de boombarricade.

✻

Pas tegen de avond keerde Johannes Bijl, bemodderd en drijfnat, naar zijn woonstede terug. Marike vroeg niets maar was blij met de snoek. Daarvoor zou ze in deze vastentijd op de markt al gauw drie stuivers krijgen.

Vis bij de Vasten

Vasten is een vast onderdeel van het katholieke leven. In de tijd van Jeroen Bosch zijn er rond de 150 vastendagen, waarop streng of minder streng wordt gevast. Om te beginnen de 40 dagen van Aswoensdag tot aan Pasen: de quadragesima. 40 dagen lang eet men geen vlees, eieren en zuivelproducten – dus ook geen boter bij de vis. Verder vast men het hele jaar door op woensdag en vrijdag. Of op vrijdag en zaterdag, afhankelijk van het bisdom. De strenge vastenvoorschriften gelden ook voor de drie 'quatertemper'-weken: de week na Pinksteren, de week na de Kruisverheffing en de week van Sint Lucia. Ofwel aan het begin van de zomer, de herfst en de winter.

Monniken mogen trouwens vaak helemaal geen vlees eten, behalve als ze ziek zijn. Voor hen zijn de vastenperioden, waarin ze ook geen eieren en zuivel mogen eten, bovendien langer. Dat betekent voor de minderbroeders in de stad vooral veel stokvis; de resten met platgeslagen koppen zijn teruggevonden.

Al dat vasten maakt wel creatief. Alles in en om het water wordt tot vis bestempeld: reigers, roerdompen, otters, bevers, zeehonden, het is allemaal 'vis' dus mag tijdens de vasten gegeten worden. Zelfs vissen die eigenlijk zoogdier zijn, zoals de bruinvis of walvis, gaan aan het spit of in de pan. En als je op de lichtere vastendagen wel eieren mag eten, dan mag je vast ook ongeboren konijnen eten – aldus een bisschop uit de lage landen in correspondentie met de paus in Rome.

Welke vissen komen er op het bord? In elk geval haring, allerhande platvis, schelvis, kabeljauw (stokvis), paling, forel, voorn, baars en snoek: de vissen die hier nog steeds rondzwemmen. Zalm, meerval, steur, elft, zwaardvis en tonijn komen in de omgeving voor en ook schelp- en schaaldieren worden volop gevangen.

Niet alle vis is inheems. De karper, nu vooral nog populair in Midden- en Oost-Europa, is in ons land een relatieve nieuwkomer, uitgezet in de late middeleeuwen vanuit de visvijvers bij de kloosters en grote landgoederen.

SNOEK

Om karpers of snoeken te koken.

Neem water en doe er wat zout in. Proef of het niet te 6auw of te zout is. Hang de ketel dan boven het vuur en breng het aan de kook vr je de vis erin legt. Als de vis erin ligt, moet je het goed laten koken. En als het goed gekookt is, haal je de ketel van het vuur af. Alle zoetwatervissen kun je dan laten staan in het kookvocht, want daarin bederven ze niet.
Je moet ook weten dat je snoeken altijd in wijn moet koken, of tenminste half wijn en half water, waarbij ook een beetje azijn of edik gedaan is. Want dan blijft de structuur van de vis intact. En je kunt hem in zijn kookvocht laten staan als je dat wilt. Het kookvocht dient als saus. Je kunt het eventueel binden met broodkruim en dan zeven en er specerijen en rozijnen of stukjes vijg door doen.

Uit: Notabel Boeckxen van Cokeryen, Brussel, 1514.

NODIG:
een spartelverse snoek of, als je die niet kunt krijgen, mooie filets van de snoekbaars. Historisch gezien onverantwoord, want deze vis wordt pas in de 19de eeuw in ons land geïntroduceerd, maar wel lekker en bruikbaar. Baars, forel of zalm kunnen ook. Als het maar een zoetwatervis is. Behalve de vis heb je nodig: witte Rijnwijn, water, zout en witte wijnazijn.

BEREIDING:
Maak de snoek schoon. Neem een vispan of andere grote pan en doe daar water in met witte wijn (half om half) en een scheut azijn. Voeg zout toe naar smaak. Breng dit aan de kook, leg de snoek in de pan en laat hem gaar koken. Haal de pan van het vuur en laat de vis daarin liggen tot gebruik.

NODIG:
Voor de saus heb je nodig: ½ liter kookvocht, broodkruim, specerijenmix (zie pagina 79: zoet poeder – of maak zelf een mix van gemberpoeder, peper en foelie), een handje ongezwavelde rozijnen of een paar gedroogde vijgen in stukjes.

BEREIDING:
Breng het kookvocht van de snoek weer aan de kook in een kleine pan. Voeg de rozijnen of stukjes vijg toe en laat die meekoken. Meng er fijngestampt wit broodkruim door om te binden en zet het vuur laag. Neem een eetlepel kookvocht en maak een papje met de specerijen. Roer dat door de saus en laat nog even pruttelen. Dien de vis op een grote schotel warm op.

06

IN STRO EN STRONT

–

Recept:
PEREN IN YPOCRAS

'Ik heb iemand om een arts gezonden,' stamelde de echtgenoot. Ze schudde haar hoofd. Zo vaak maakten de betere standen die vergissing. Alsof een arts iets kon doen. Zo geleerd als hij was, zo machteloos stond hij aan het kraambed.

ZE haastte zich door het donker en probeerde de grootste vlokken te vermijden. Achter haar vloekte de bediende van De Husch, die uitgleed op een bevroren plas. Ongeduldig wachtte ze tot hij weer op de been was. Een vrouw alleen, vroedvrouw en bedelares gelijk, moest begeleiding hebben op straat wanneer het donker gevallen was. Meestal kwam een familielid mee, de broer of aanstaande vader, maar rijken stuurden een bediende, natuurlijk. En bedienden hadden nooit haast. Deze ook weer, stond zijn buis droog te schuieren, bombazijnen met gouddraad nog wel; bij De Husch hebben ze adellijke pretenties.

De bediende nam de lantaarn weer van de grond, waar een donker vierkant in de sneeuw was gesmolten, en ging haar mopperend voor.

✻

Haar moeder vertelde nog hoe ze de oude De Husch uit het stro heeft opgeraapt als borelinkske. Zijn vader was als vetweider nog maar net begonnen, en kijk nu eens. De derde generatie werd geboren en de familie bezat een tiental panden nu, was met de schepenen bevriend en zou volgende week vooraan zitten bij de hoogmis, wanneer ze de geboorte van de Heer vierden – maar een kerstkindje zou het niet worden.

Voorin de kerk met de hoogmis, dat was niet slecht voor de kleinzoon van een vetweider en een boerenmeid. Van haar zou niemand het horen, dat paste niet bij het beroep.

✻

Hoeveel geheimen kende ze niet. Kindertjes die als monstertjes werden geboren en meteen verdwenen, vechtpartijen rond het kraambed vanwege een erfeniskwestie, achterdochtige echtgenoten die het borelinkske op gelijkenis controleerden – met henzelf of met een ander.

Haar mond was als een grafsteen, waar alles onder bleef. Voor de roddelaars maakte dat niet uit, die hadden hun eigen bronnen. Bedienden bijvoorbeeld, of zogenaamde vrienden van het huis en vaak zelfs biechtvaders. Van alle misstanden die de kerk teisterden was dat misschien nog wel de ergste, dacht ze. Aflaatverkoop, simonie, de vraatzucht; ze verwierp het, maar daarmee deden ze vooral hun eigen ziel kwaad. Het biechtgeheim daarentegen was heilig. Maar wat kon je verwachten van mannen die zich als vrouwen kleedden? Roddel en ijdelheid en die ergste zonde, waarover men niet spreken zal. Maar de zachtheid en de zorg van de vrouwen hadden ze niet. En de pausen in Rome deden niets dan hoereren en vechten om wie er paus mocht worden. Als de verlosser het gezien zou hebben.

Ze stopte even om haar mantel goed te schikken en haar gedachten in het gareel te krijgen. Ketters waren het! Als zij zou biechten, maar dat deed ze niet, maar áls, dan zou ze op de brandstapel komen. Vroedsters waren toch al omgeven met de geur van hekserij.

De knecht was doorgelopen en om de hoek verdwenen. Ze haastte zich achter hem aan.

✻

Voor het grote huis van De Husch stond een tweede bediende, een fakkel hoog geheven. ‘Loop gauw door,’ zei hij en hij klonk werkelijk aangedaan. ‘Het gaat niet goed met de vrouwe.’

✻

Ze haastte zich de trap op, een derde knecht wenkte haar een kamer binnen. Daar lag Vrouwe De Husch op het bed, omringd door bedrijvige dienstmaagden. Een enkele kandelaar bescheen haar bezwete gezicht, haar ogen waren gesloten, ze lag vreemd gedraaid op het rijk beklede bed.

Een lange man met ogen licht als die van een wolf, kwam onmiddellijk op haar af. ‘Ze heeft pijn,’ zei de man en ineens had hij niets meer van een wolf. ‘Hoe vaak komen de weeën?’ ‘Om de zes tellen,’ riep een dienster over haar schouder. Ze knikte. ‘Dan kan het nog lang duren.’

Snel nam ze de situatie in zich op. De echtgenoot, die zijn wanhoop verborg onder een stalen frons. De vrouw op bed, voor wie het niet snel genoeg over kon zijn, ten goede of ten kwade; haar borst zwoegde op en neer. De bedrijvige deernen die toch duidelijk niet wisten wat ze deden; het was de eerste boreling in dit gezin.

'Ik heb iemand om een arts gezonden,' stamelde de echtgenoot. Ze schudde haar hoofd. Zo vaak maakten de betere standen die vergissing. Alsof een arts iets kon doen. Zo geleerd als hij was, zo machteloos stond hij aan het kraambed. Mannen raakten de barende niet aan, ze keken van een afstandje en gaven commentaar. Maar ja, dat leek geleerd. Ze reageerde niet op hem, maar knielde bij de patiënt. Tegen de rode wollen deken stak het gezicht mat af. Was ze bewusteloos?

Voorzichtig legde ze haar hand op de gespannen buik. Dertig jaar al hielp ze de zwangeren in hun nood maar nog steeds onderging ze een gespannen buik als een mirakel. Wat vond er plaats onder dat gespannen vel? Zelfs die geleerde doktoren wisten er niets van.

Haar hand wekte de vrouw. Even kreunde ze, haar mond ging open en ze hief een gejammer aan dat haar echtgenoot naar de gang joeg. De diensters snelden toe.

Het biechtgeheim daarentegen was heilig. Maar wat kon je verwachten van mannen die zich als vrouwen kleedden?

Hoeveel tijd er was verstreken wist ze niet. Maar het was lang. Door de kiertjes van de luiken viel blauwig licht. De diensters waren een voor een in slaap gevallen, maar zij had gewaakt met de vrouw in barensnood. Inmiddels kwamen de weeën om de vijftien tellen maar het kind was nog ver weg. Het geheimzinnige water, dat aan elke geboorte vooraf ging, bleef nog weg.

*

Ooit had een afvallige priester haar verteld dat er niets was dan water, voordat God aan zijn schepping begon. En misschien, had hij erbij gefluisterd, was het vruchtwater wel een restant van die schepping, alsof in de buik het kindje in een paar minuten werd gevormd. Die gedachte moest een dwaling zijn. Er werden dode kinderen geboren die in alles een gewone boreling waren. Soms kwamen ze maanden te vroeg, onvoldragen, en toch was er al een mens in herkenbaar.

Eenmaal was ze erover begonnen in de biechtstoel en dat was ook de laatste keer. Maanden penitentie had ze moeten doen, een week op haar knieën de kapel schrobben, dertig paternosters per dag. Haar biechtvader was furieus geweest en, dacht ze, misschien wel bang. De kerk had ze geschrobd, de paternosters gebeden als het uitkwam. Dat kon niemand controleren.

*

De zwangere was even weggezakt in een korte slaap, de weeën bleven weg. Zij kwam moeizaam overeind, ze begon toch haar dertiger jaren te voelen, en verliet de kamer om even te ontkomen aan de dierlijke geuren van stront, zweet en angst die de kamer vulden. Pijn kon je ook ruiken, maar dat zou pas later komen.

Een paar pas van de kamerdeur zat de aanstaande vader rillerig op een kledingkist. Naast hem stond de arts, in de zwarte mantel van de geleerde. Hij was even geergerd over haar aanwezigheid als zij over de zijne, maar zij liet het niet merken.

'Is het stro er al?' vroeg ze aan niemand in het bijzonder. 'Stro?' De echtgenoot staarde wazig om zich heen. 'Om het kind op te vangen,' zei de arts. 'Dat moet zacht vallen.' 'Het bed is toch zacht?' De arts lachte luid. "Dat bloed krijg je nooit meer uit de dekens. Stro op de grond is beter.' Ze knikte, met een onaangenaam gevoel van dankbaarheid dat hij de kastanje uit het vuur haalde.

'Hoe gaat het daarbinnen?' Misschien was deze man wel anders. Hij sprak op gewone toon tegen haar; van zijn ernstige gezicht was de ergernis geweken.

'Ze slaapt nu even. Ze is jong, het zal wel goed gaan.'

Natuurlijk was het goed om jong te zijn, dacht ze. Hoe oud was deze deerne? Vijftien? Zestien? Sterk genoeg om de beproeving te doorstaan, maar dit was de eerste en de eersten waren altijd moeilijk.

Achter de deur klonk weer luid kermen. Ze draaide zich om en ging naar binnen. 'Stro,' zei ze nog over haar schouder.

Een enkele kandelaar bescheen haar bezwete gezicht, haar ogen waren gesloten, ze lag vreemd gedraaid op het rijk beklede bed.

De zwangere krijste, ze jammerde, ze schreeuwde en ze kreunde. Op handen en voeten, haar gezwollen buik grotesk boven het stro. Maar alles ging goed, alles ging zoals het te verwachten was. Een dienster haalde een natte lap over het voorhoofd, een andere verwarmde doeken om straks het kindje te bakeren. Drie kaarsen in kandelaars wierpen een onzeker licht.

'Persen,' zei ze. 'Persen, nu.' Het water was gekomen, een korte golf helder

Christuskind

Jheronimus Bosch
circa 1480, Olieverf op paneel,
diameter 28 cm

vocht. Er zat geen bloed in, het stonk niet en was niet ondoorzichtig, allemaal goede tekenen. ‘Niet krijsen,’ zei ze. ‘Persen.’ Op het jonge gezicht, waar natte haren omheen slierden, verscheen een wanhopige uitdrukking. Het eerste kind, dacht ze. Daar kan niemand zich op voorbereiden. ‘Nog even,’ zei ze. ‘Het is er bijna.’ De zwangere sloot haar ogen en haar mond en liep nog wat roder aan. Ze perste. In het begin traag maar opeens versnellend gleed een kind naar buiten, het hoofd eerst, vol zwarte haren, de ogen gesloten. Voor het op vloer kon vallen ving ze het op.

De jonge vader lag achterover in een stoel en sliep, een kan met wijnnap ernaast verraadde waarom.

Een jongen, daar zou de vader blij mee zijn. De kraamvrouw ging op haar achterste zitten en stak haar armen uit. ‘Mijn kindje,’ riep ze. ‘Mijn kindje.’ Het was het eerste samenhangende dat ze in twintig uur had gezegd.

Op de gang was een oploop ontstaan van buren, familie en bedienden. De jonge vader lag achterover in een stoel en sliep, een kan met wijnnap ernaast verraadde waarom. Naast hem zat een man in zwarte jurk, de tonsuur schemerde in het vale licht. De biechtvader, dacht ze. Natuurlijk stond er ook een kan aan zijn kant, en een schaal waar afgekloven botjes uitstaken. Ook hij sliep, zijn dikke kop achterover, zijn mond open als een gat. Ze stapte op de jonge vader af en schudde zijn been. ‘Het is een jongen,’ zei ze.

*

Haar taak zat erop. De baker was gekomen en had het kindje in de doeken gerold. Het jongetje had goede longen, dat hoorde iedereen. Ook de kraamvrouw maakte het goed, maar iedereen wist dat voor haar het gevaarlijkste nog moest komen.

*

Zij ging naar huis, slapen. Van de huismeester kreeg ze haar loon. Buiten lag nog sneeuw maar de dooi hing in de lucht. Ze trok haar mantel om haar hals en stapte, vief maar voorzichtig, door de gangetjes naar haar huis.

Specerijenmengsels

Zoals er nu verschillende specerijenmengsels in het schap staan – gehaktkruiden, ras el hanout, Italiaanse kruiden, speculaaskruiden – zo is het in de middeleeuwen op de markt ook. Bij de specerijenhandelaar kun je de pure specerijen kopen. Die komen met een lange weg via India en Venetië naar steden als Antwerpen. Vandaar komen de smaakmakers naar hier. Maar die zijn (letterlijk) peperduur, dus het is goedkoper om een mix te kiezen die past bij het gerecht dat je wilt maken. Zo is er bijvoorbeeld *fijn poeder*, poeder uit Lombardije, poeder van de Hertog en *sterk poeder*. Of je koopt een stuk peperkoek of *Lebkuchen* (liefkoecken) om de saus mee op smaak te brengen en meteen te binden. Helemaal gemakkelijk!

Vaak rept een recept uit die tijd van zo'n mix van specerijen maar is niet altijd helemaal duidelijk wat er wordt bedoeld. De samenstelling verschilt bovendien nog wel eens. Dat laat koks en keukenprinsessen vrij om er een eigen draai aan te geven.

Fijn poeder

Maal 2 delen kaneel, 4 delen gember, beetje nootmuskaat, 1 deel kruidnagel, 2 delen lange peper (*piper longum*, Bengaalse peper) en een paar draadjes saffraan samen fijn in een molen. Afgesloten bewaren.

*Zoet poeder uit 'Le Ménagier de Paris'**

Meng 3 eetlepels gemberpoeder, 2 eetlepels rietsuiker, 1½ eetlepel kaneelpoeder, 1 theelepel gemalen kruidnagel en 1 theelepel geraspte nootmuskaat.

*Franse gids voor goede echtgenotes en huisvrouwen uit 1393.

Poudre Douce

Stamp in een vijzel 1 eetlepel peperkorrels, 2 eetlepels gemalen kaneel, 1 theelepel gemberpoeder, 3 eetlepels rietsuiker, 1 mespunt nootmuskaat en 1 kruidnagel fijn.

Sterk poeder: Poudre Fort

Stamp 1 mespunt gemalen gember, 2 mespunten kaneelpoeder, 4 eetlepels peperkorrels en een snuf suiker fijn. Goed mengen.

RECEPT VOOR DE AANSTAANDE VADER:

PEREN IN YPOCRAS OF: HIPPOCRAS

Om poeder voor hippocras te maken neem je een kwart_ ons van heel goede kaneel, met de hand geselecteerd door te ruiken en te proeven, en een ons heel goede gemberpoeder, een ons meleguettepeper, een zesde ons nootmuskaat en galanga samen. Stamp alles goed samen fijn. En als je hippocras maakt neem je ruim een ons van dit poeder en twee kwart_ onzen rietsuiker en dat meng je goed dooreen. En een kwart wijn volgens de Parijse maatvoering. En wanneer je de poeder en de suiker mengt, dan maak je 'hertogspoeder'.

Uit: Le Ménagier de Paris, 1393.

NODIG:
1 theelepel kaneel, 4 theelepels gemberpoeder, 4 theelepels (melegueta) peper, iets meer dan ½ theelepel nootmuskaat gemengd met galanga (laos), 2 theelepels rietsuiker, rode of witte wijn.

BEREIDING:
Meng de specerijen. Roer er vlak voor gebruik de suiker door en zoveel wijn als nodig om het fruit te pocheren.

Peren in ypocras

Om te maken peren in ypocras, moet je de peren schillen, maar de stelen moeten er aan blijven. Dan neem je wijn uit de Gascogne en dan doe je de peren in een kookpot en daar giet je de Gascogne over heen en dan laat je het koken. En dan doe je er kaneelpoeder en suiker bij en dan kook je het nog een keer op en dien je het meteen op.

Bron: Gent UB 476, 60.

NODIG VOOR 4 PERSONEN:
4 peren (bijvoorbeeld Conference, Beurre Hardi, Bonne Louise of Doyenné de Comice), ¾ fles wijn uit de Gascogne (rood of wit naar keuze), 1 eetlepel hippocraspoeder (of kaneel), 1 eetlepel suiker en poedersuiker om te bestuiven (wanneer je rode wijn neemt).

BEREIDING:
Doe de wijn in een pan waar de peren net inpassen. Schil de peren en zet die rechtop tegen elkaar aan in de pan, zodat de steeltjes net boven de wijn uitsteken. Laat de peren zachtjes pocheren. Roer de kaneel en suiker los in een beetje wijn en voeg die na een kwartier toe aan de peren. Laat de wijn weer tegen de kook aankomen en de peren nog 5 minuten garen. Dien warm op.

Neem je rode wijn, dan verkleuren de peren nogal. Je kunt ze met poedersuiker bestuiven zodat ze iets vrolijker ogen. Neem banketbakkerspoedersuiker. Die blijft langer wit.

RECEPT VOOR DE KRAAMVROUW:

DRANKJE VOOR EEN VERZWAKT OF ZIEK MENS

Om te maken een suypen voer eenen crancken oft siecken mensche.
Neempt twee doren van eyeren oft drie ende lutterken bloemen. Dan temperet beyde tesamen seer wel ondereen. Dan ghiet daer wijn ofte bier inne, telcken mael seere luterkens ende tempert telcken daermede. Ende ghietter so veel wijns oft biers inne, totdat a duenct dats ghenoech es. Dan doet erinne een snede boteren met wat souts ende soe latet wel sieden. Maer het moet altijt gheruert werden, totter tijt toe dat siet, want het soude sitten ende verberren.

Bron: Notabel Boecxken.

Neem twee eidooiers of drie en een beetje bloem. Roer dat goed door elkaar. Giet daar wijn of bier bij, steeds een beetje, en blijf roeren. En giet er zoveel wijn of bier bij totdat je denkt dat het genoeg is. Doe er dan een stukje boter in en wat zout en breng het aan de kook. Maar wel blijven roeren, anders brandt het aan.

Middenpaneel
Het Heremieten-drieluik

Jheronimus Bosch, circa 1493 of later, Olieverf op paneel, 87 x 120 cm

07

HET KAPITTEL EN DE TIMMERMAN

–

Recept:
DUIFJES MET TUINBONEN

Lambert was kwaad. Kwaad om de komst van Maximiliaan en zijn vrouwe Maria, kwaad om de ploertigheid waarmee ze de stad hadden betreden die ze zozeer hadden benadeeld.

HEEL de stad was vol van leven. Dwergen, narren en muzikanten trokken door de straten, aan alle huizen wapperden vaandels en banieren; de stadsgroten wilden tonen dat ook zij konden bogen op een lange stamboom.

Hier en daar had een echte rijksgrote een huis betrokken, op invitatie van de bewoners of in eigendom van zijn familie. Daar hingen trotse wapenschilden aan de gevel, van families die soms wel teruggingen tot de tijd van Karel de Grote. Pages hingen in groepjes rond en snoefden tegen elkaar over de grootheid van hun heer.

Allemaal waren ze gekomen voor het Kapittel van het Gulden Vlies.

*

De grootste en belangrijkste was natuurlijk Maximiliaan, Hertog van Bourgondië, Aartshertog van Oostenrijk en grootmeester van de Orde van het Gulden Vlies. Maximiliaan had onderdak gezocht bij de Predikheren, in hun klooster dat wel een vesting leek. En heel de stad wist waarom. Toch liepen de poorters rond alsof de komst van hun heer de donkere dagen had verjaagd, alsof alleen zijn aanwezigheid de handel zou doen opbloeien en de oorlog met Gelre kalmeren. Zo leek het wel.

Uit heel het land waren mensen gekomen om de hertog te zien, om smeekschriften in te dienen bij zijn hooghartige secretarissen, om zaken te doen met de meier van zijn reizende hof. De markt was gevuld met tenten van kramers, voor de gelegenheid toegelaten tot de stad. Natuurlijk bromden de vaste marktkooplieden over buitenstadters en beunhazen, maar zij hadden niet te klagen: het geld rolde en er was genoeg voor iedereen. Herbergiers beleefden gouden tijden.

Maar Maximiliaan bleef in het paleis en liet zich niet zien.

✻

Door de massa op de Markt liep Lambert Eyndhouts. Hij keek strak voor zich uit, negeerde de kostbare zijde die koopman Keymp speciaal voor deze gelegenheid uit Antwerpen had laten komen (alsof hij die kon betalen), versmaadde de kraam met Bossche messen (alsof hij zoiets nodig had) en gebaarde woest maar gedachteloos de bedelaars van zich af die om een aalmoes vroegen.

Lambert was kwaad. Kwaad om de komst van Maximiliaan en zijn vrouwe Maria, kwaad om de ploertigheid waarmee ze de stad hadden betreden die ze zozeer hadden benadeeld. Hem persoonlijk hadden ze benadeeld.

Hij ging De Helm binnen. Het licht, gefilterd door haast ondoorzichtige ramen, viel mat op een gezelschap waarin vrouwen ontbraken. Handen gingen omhoog, een begroeting klonk. Lambert liet zich op een kruk tussen zijn makkers vallen.

Toen een beker bier voor zijn neus verscheen en de andere waren bijgevuld, nam Maarten Gerritsz het woord. 'Voor de tweede keer is Maximiliaan in onze stad,' zei hij. 'En zijn vrouwe. En weer doet niemand iets.' Hij lachte schamper. 'Wij zijn een stad vol schapen.' Er viel een stilte rond de tafel.

'Ik niet.' Het was eruit voor Lambert er erg in had.

Uit heel het land waren mensen gekomen om de hertog te zien, om smeekschriften in te dienen bij zijn hooghartige secretarissen, om zaken te doen met de meier van zijn reizende hof.

Ook Maximiliaan van Oostenrijk was kwaad. Hij stond aan het venster van zijn slaapvertrek, normaal de kamer van de abt, en staarde naar de schaduwen op de binnenplaats zonder te zien. Dat hij weer naar dit gat had moeten komen, dat zo trots de naam 'stad' droeg. Een dorp met muren was het, een vooruitgeschoven fort, niets meer. Natuurlijk was er handel, die was overal. En natuurlijk waren er wijnkooplieden en messenmakers, die had je ook overal. Maar als Gelre niet zo opstandig was, dan was Bois le Duc niet de noordelijkste vesting van het Bourgondische rijk geweest – en had hij het kapittel ergens anders kunnen houden. Zelfs paleizen ontbraken hier. Niet voor niets zat hij bij de Kruisheren, en zijn vrouwe Maria bij de Zusters van Orthen, kloosters die eertijds buiten de stad lagen en hun stevige muren hadden behouden. Want die konden nodig zijn, en niet voor vijanden van buiten de stad.

Maar een kapittel moest er komen. Zeker vier vliesridders hadden de kant van de Franse koning gekozen toen Karel overleed en Maria het rijk erfde. Verraders waren het, maar daar ging het nu niet om. Zij, of in elk geval hun leen, moesten terug onder de macht van de Bourgondiërs. En het kapittel was dé plek om dat te doen. De eed van het Gulden Vlies, en dat had oprichter Philips de Schone goed gezien, was een morele band die niet zo gemakkelijk verbroken kon worden. Daar zouden Van Romond en Van Nassau nog wel achterkomen.

Hij zuchtte en maakte zich los van het venster. Als ze tenminste zouden komen.

Zijn schrijver kwam, na een voorzichtig klopje, binnen om de voorbereiding van het kapittel te bespreken. Maximiliaan zuchtte weer. Zelfs de troost van zijn driejarig zoontje Philips werd hem onthouden. Moeder en zoon waren neergestreken bij de Zusters van Orthen. Volgens Maria wegens de veiligheid, volgens haar hoofd van de huishouding wegens gebrek aan ruimte, maar dat alleen kon het niet zijn. Zijn vrouw, dacht Maximiliaan, wrokte over het opgeven van haar positie en hield op deze manier afstand.

*

In De kleine Engel was de stemming grimmig geworden. Hoe verschillend de vrienden er ook over dachten, een ding was duidelijk: ze konden het er niet bij laten zitten. 'Mijn oom onthalsd,' zei Lambert bitter. 'De stad vernederd. We moeten iets doen.' Zijn kameraden juichten. Alleen Willem Beckercken, altijd de bedachtzaamste, zweeg.

'Wat willen jullie doen?' vroeg hij, toen het juichen was verstorven. Lambert hoorde het 'jullie'. 'We gooien met stront,' opperde Jan Brants, die meer wijn ophad dan hij kon verdragen. De anderen knikten enthousiast. 'En wat doet de schout dan?' In stilte overdachten zij de schrikwekkende middelen die de schout tot zijn beschikking had.

'Je moet doen wat niet opvalt,' zei Willem. 'Je moet ze vernederen, zonder dat ze jou ervoor pakken.' De kameraden zwegen. Ineens was de stem van Willem nog bitterder dan die van Lambert. En Lambert wist: mijn oom, maar zijn vader.

*

Zes van de twintig ridders waren komen opdagen. Zes... Het was een klap in zijn gezicht, een affront voor de Orde, een uitdaging aan zijn gezag – maar vooral een teken van de Franse koning, die zijn Vliesridders had doen overlopen naar de Franse kant.

Maximiliaan gebaarde ongeduldig de page weg die zijn ochtendbier bracht. Het was tijd voor maatregelen. De orde had zijn reinheid verloren, die de kracht ervan was, het voorbeeld voor gelijksoortige ordes in heel Europa. Neem Van Crevecoeur. Als een beest leefde die man, geen deerne was veilig in zijn nabijheid, hij ontwijdde de heilige mis door dronken te verschijnen én hij was overgelopen naar Frankrijk. Van Crevecoeur moest boeten, een voorbeeld zijn voor de anderen.

Dat hij weer naar dit gat had moeten komen, dat zo trots de naam 'stad' droeg. Een dorp met muren was het, een vooruitgeschoven fort, niets meer.

De schrijver was binnengekomen en stil aan een tafeltje gaan zitten. Maximiliaan dicteerde een brief, maar bleef met zijn gedachten bij de Orde. Nieuwe mannen moesten er intreden, trouwe lieden met een voorbeeldig leven die de Bourgondische zaak zouden steunen.

Toen de brief aan zijn collega in Frankrijk was voltooid, stelde de schrijver een lijst op van wegblijvers en mogelijke vervangers. Zes van de vierentwintig. Weer kookte Maximiliaans bloed, maar hij moest kalm blijven. Zes waren er gekomen. Vier waren er dood. Zes waren er overgelopen en stonden op dit kapittel terecht – geen wonder dat ze weg zijn gebleven. Van de andere tien taal noch teken.

Maximiliaan zuchtte. Hij zou het niet hardop zeggen waar zijn vrouw bij was, maar haar korte regeerperiode had de Orde aan de rand van de afgrond gebracht. Hij schudde zijn hoofd. Eigenlijk moesten vrouwen niet regeren. Je zag wat ervan kwam.

*

In de kerk klonk het geklop van hamers en een engelenkoor. Timmerlieden bouwden het podium waar de hoogste heren van het rijk straks zouden zitten. De gewone ridders hadden hun zetels laag bij de grond. Tegelijk oefende het knapenkoor. De samenzang brak in losse stemmen uiteen, de kapelmeester berispte een jongen die uit de maat zong. 'Het timmeren leidde me af,' zei de jongen en een oorveeg was zijn deel. Lambert, die zich onder de timmerlieden had gemengd, moest erom lachen. De zenuwen, zei hij tegen zichzelf. Iedere leerjongen kreeg klappen, zijn oom gebruikte zijn handen ook niet om te zagen alleen.

'Wat doe jij hier, Eyndhouts?' vroeg Goyaert Henricx. 'Ik heb jou toch niet aangenomen voor deze klus?' 'Kun je niet iemand gebruiken?' Lambert trok een smartelijk gezicht. 'Ik moet eten.' Goyaert keek hem wantrouwig aan. 'Werken voor de Bourgondiërs? Jij? Ik dacht dat je ze haatte.' Lambert spreidde hulpeloos zijn handen. 'Ik heb honger. De tijden zijn slecht.' 'Voor ons allemaal.' Goyaert werd resoluut. 'Het spijt me. Ik kan je niet gebruiken.'

Dat was een tegenvaller. Lambert knikte en liep gebogen, zodat Goyaert zijn verslagenheid goed zag, naar achteren. Demonstratief leunde hij achterover tegen een pilaar. De werklieden negeerden hem, net als Goyaert. Achter hem klonken weer luid en zuiver de jongensstemmen. Na een half uur vertrok Lambert. Hij liep nog steeds verslagen, maar van binnen jubelde hij inmiddels.

*

Na drie dagen bruiste de stad nog steeds. Het was pas mei, maar de dagen waren warm en de nachten zoel. God keek neer op het spektakel, dachten de poorters, en dit was zijn zegen. Op de markt putten ridders zich uit in steekspelen en paardenrennen, of paradeerden ze in hun fijnste kledij om de poorter te tonen wat werkelijke adel was; tussen stads- en rijksgroten heerste een rivaliteit die grensde aan naijver.

Zelfs Maximiliaan had reden tot tevredenheid. Hoewel met weinig, waren de aanwezige ridders volledig op zijn hand. Zes overlopers, zes verraders waren uit de orde gestoten en Van Crevecoeur had de ergste vernedering ondergaan, denkbaar voor een ridder: zijn wapenschild hing ondersteboven.

En er waren aanvullingen: tien nieuwe ridders hadden de gelofte afgelegd, vol vuur en overtuiging. Zijn zoontje, pas drie, was toegetreden op zijn voorspraak en tot ridder geslagen. Maximiliaan grinnikte bij de herinnering. Toen Adolf van Kleef hem de ridderslag wilde geven, trok het ventje zijn rapier en wilde het zich teweer stellen. Dat werd er eentje. Nog een dag, dan sloot het kapittel met een feestmaal in de kerk, aangeboden door de lokale Zwanenbroeders.

Tevreden keerde Maximiliaan zich naar de deur en riep om de kamerheer. Het was tijd om zich te kleden en misschien wel uit te gaan, de poorters te laten zien dat hun heer onbevreesd in hun midden verkeerde. Te paard, uiteraard. En misschien wilde de vrouwe wel mee, zodat ze een soort zegetocht zouden houden zonder dat het opviel. 'De rode mantel,' zei hij tegen zijn kamerheer. 'En de zwarte baret.' In koninklijk rood, dacht hij, maar een burgerlijke bedekking. Dat zou de poorter en de vrouwe mild stemmen.

*

Een volle maan wierp schaduwen over het Begijnhof en de graven bij de Sint-Jan. Het licht speelde rond de spitse bogen met hun stenen rijders, over de vierkante toren en langs de nieuwe kapellen, die aan de noordkant werden gebouwd. Tegen lauden liep het, geen poorter waagde zich buiten; het was het uur dat heksen het luchtruim kozen, de duivel door de straten spookte en, misschien nog erger, de rovers van vlees en bloed hun holen verlieten.

Tussen Begijnhof en Sint-Jan bewogen

steels twee figuren. Ze hielpen elkaar over de muur, het kerkhof op, en renden gebukt naar de kleine deur aan de oostkant. Natuurlijk was die op de grendel, maar voor een timmerman als Lambert Eyndhouts was een grendel geen probleem. Na een krakend geluid zwaaide de kleine deur open en haastten Lambert en Willem zich naar binnen. Zachtjes sloot Lambert de deur.

Lange tijd gebeurde er niets. De deur bleef gesloten, vaag klonken zagende geluiden en zacht hameren. Het hield niet lang aan. Na een kwartier ging het deurtje weer open en schoten Lambert en Willem weer naar buiten. Ze hielpen elkaar giechelend over het hek en verdwenen tussen de huizen.

❊

Alles wat maar een smoes heeft verdrong zich in het koor van de Sint-Jan, waar het grote diner gegeven werd. Hoogschout Pieter Vertaing hoorde erbij, natuurlijk. Net als laagschout Jan van Arkel, die tijdens de gildenopstand zo onfortuinlijk in een onderaards hok terecht gekomen was. Die kende Maximiliaan in elk geval nog van gezicht, en zijn schrijver wist de namen. Maar de overgrote massa die de vloer vulde kon toch niet helemaal tot de bovenstand van de poorters behoren?

Maximiliaan keek gramstorig om zich heen en gaf zich toen gewonnen. Het was de laatste dag, hij had zijn positie bevestigd. Laat het feest zijn, ook voor de poorters.

Hij gebaarde, de ceremoniemeester boog en wenkte de bedienden. Grote bladen met wijn gingen langs, allereerst natuurlijk bij Maximiliaan. Uitstekende wijn moest de hertog toegeven. Die Bosschenaren haddden wat drank betreft hun zaakjes op orde. Meer vreesde hij het banket, aangeboden door de lekenorde die ook wel de naam Zwaansbroeders droeg. Dat betekende een zwaan op tafel.

Maximiliaan hield niet van zwaan. Die werd maar al te vaak droog opgediend.

❊

Buiten had zich een groep poorters verzameld die uit alle macht probeerden iets op te vangen van wat er in de kerk gebeurde. Vage klanken van vedels drongen naar buiten, en luid palaver van de hoge burgers die zich vermaken. ‘Nog even,’ zei Lambert Eyndhouts. Willem Beckercken keek omhoog. ‘Het blijft mooi,’ zei hij. ‘We kunnen wachten.’

Een hen onbekende poorter, aan zijn gekleurde handen te zien een verversknecht, stootte hen opgewonden aan. ‘Daarbinnen zit de hertogin,’ zei hij opgewonden. ‘Ik heb haar zelf gezien.’ Willem en Lambert knikten wat.

Zo op een afstandje was ze leuk om te zien, dacht hij, maar je moest er niet te dichtbij komen.

De hertog had zijn gemalin inmiddels ook gezien. Maria had zich laat gemeld, zodat al het volk haar goed kon zien. Met haar gevolg betrad ze de ruimte tussen de podia en wuifde losjes naar haar man. Die wuifde even losjes terug. Zo op een afstandje was ze leuk om te zien, dacht hij, maar je moest er niet te dichtbij komen. Hij hief zijn nap ironisch en proostte in haar richting. Haar glimlach verborg een ijzeren willetje.

Voorzichtig, wegens haar lange goudbrokaten jurk, beklom ze het podium en nam plaats. Haar gevolg, losse ridders uit het Bourgondische rijk, hofdames, haar eigen nar, kwamen haar een voor een achterna. Ze ging zitten, haar neus in de lucht. Maximiliaan schudde zijn hoofd. Er viel toch ook wel iets te zeggen voor de nederigheid van de poortermeisjes.

Nu de vrouwe en haar gevolg waren gezeten drongen de Bosschenaren zich op. Ze wilden haar bekijken, bewonderen, aanraken zelfs. Maximiliaan zag het chagrijnig aan. Des keerlen godin hadden ze haar moeten noemen. Maria, wat wilde je ook met zo'n naam?

Steeds meer mannen en vrouwen, in hun duurste dracht getooid, kwamen het podium op. De schrijver fluisterde de namen in Maximiliaans oor, maar steeds vaker zei hij 'geen idee' of: 'dien ken ik niet.' Maximiliaan dronk walgend de volgende roemer leeg.

Toen leek hij iets te horen. Hij hield zijn hoofd scheef en keek omhoog. Jawel, een zacht, niet menselijk kreunen, zoals balken kunnen kreunen die lijden onder het geweld van een storm. Maar het stormde niet en de dakspanten waren te hoog om te kunnen horen.

Het kraken werd scheuren. Toen, opeens, zakte voor zijn ogen het podium in elkaar. De poorters hotsten er aan alle kanten af, als kleurige ballen rolden ze op en over elkaar. Onder hun massa was zijn eega niet meer te zien. Hij schoot overeind. Lang duurde het niet, ernstig was het allemaal niet. Vanonder een dikke vrouw zag hij een goudbrokaten arm tevoorschijn komen, een schouder en toen het verhitte gezicht van Maria van Bourgondië. Maximiliaan verborg zijn gezicht in zijn roemer, maar dat hielp niet. Hij proestte zijn wijn weer uit en begon te lachen, zo hard te lachen dat hij alles en iedereen overstemde. Zijn gelach weergalmde tussen de daksparren.

*

Buiten reikten Willem en Lambert elkaar de hand.

DRINKLIED, CARMINA BURANA

Als we in de taveerne zijn, geven we
nergens om, niets maakt ons uit

Behalve het spelen en gokken,
dat maakt ons warm

We moeten onderzoeken wat
in de taveerne geschiedt

Waar geld de meester is,
luister naar mijn lied.

De een gokt, de ander drinkt,
anderen gedragen zich indiscreet

Wie om geld speelt wint soms een jas,
of gaat in vodden gekleed.

Maar niemand vreest de dood,
ze dobbelen om wijn en brood.

Wijngerei

Kannen en pinten, potten en stopen; de middeleeuwse inhoudsmaten voor dranken verwijzen naar de objecten waarin ze geschonken werden. Wijn komt op tafel in kannen, zowel van tin als aardewerk. Glazen flessen bestaan wel, maar zijn nog te breekbaar om de wijn in te vervoeren. Rond 1500 heb je alleen karaffen, en dan uitsluitend in de huishoudens van de allerrijksten. Pas met de komst van de steenkoolovens, begin 17de eeuw, komt er steviger glas en verschijnt de fles zoals wij die nu kennen.

Een wijnhandelaar, taveernehouder aan de Markt, kanunnik van het kapittel van Sint-Jan of rijke stadsbestuurder bestelt dus geen flessen wijn, maar laat een of meerdere vaten naar zijn kelder brengen. Vanuit die vaten wordt de wijn in kannen uitgeserveerd. Bijvoorbeeld in de grote tinnen stadskannen, waarvan een exemplaar uit 1630 is overgeleverd. Maar in de tijd van Jheronimus Bosch bestaan de tinnen stadskannen ook al.
Ze worden bewaard in het stadhuis, dat aan het begin van de 16de eeuw een speciale 'kankamer' heeft.

'Erewijn' is de wijn die hooggeplaatste gasten – hertogen, bisschoppen – ontvangen bij een bezoek aan de stad. Dit gebruik wordt in 1398 ingevoerd door hertogin Johanna van Brabant. Bij speciale gelegenheden, zoals een processie of schietwedstrijd, is er ook wijn voor de stadsdienaren, van stadsmuzikanten tot schutters. Een belangrijke aanvulling op hun loon.

Rond 1500 is er een ruim assortiment aan aardewerken platte drinkschaaltjes, in enorme hoeveelheden gevonden bij archeologische opgravingen. Dit aardewerk komt – net als de wijn – hoofdzakelijk uit het Rijnland, onder meer uit Raeren (nu in Duitstalig België) en Siegburg (bij Bonn). Uit Raeren komen ook de grappige puntneuskruikjes, die in de 16de eeuw uitgroeien tot de baardmankruiken. Uit deze kruikjes wordt overigens eerder bier gedronken dan wijn.

Wijn wordt ook uit glas gedronken. Er is kleurloos glas uit Frankrijk, maar vooral veel groen, zogenaamd 'woudglas' uit Duitsland. Woudglas dankt zijn naam aan de grondstof om de glasovens mee te stoken: hout. Rond 1500 worden glazen geleidelijk aan een massaproduct, waardoor niet alleen de allerrijksten zich glazen kunnen veroorloven. De bij opgravingen gevonden exemplaren uit deze tijd zijn vaak laag. In de loop van de zestiende eeuw ontwikkelt zich uit de lage *maigelein* en kleine *berkemeier* de roemer uit het verhaal over Maximiliaan van Oostenrijk.

DUIFJES MET TUINBONEN

Omdat zwaan niet voor iedereen is weggelegd, vroeger niet en nu niet, een recept voor duif. Vraag ernaar bij de poelier.

Neem nieuwe tuinbonen of pronkbonen en laat ze koken met een paar duiven en wat gezouten spek zonder bot. Doe er marjolein, munt, zoete venkel, peper, kaneel en gember bij wanneer de bonen en duiven bijna gaar zijn. En als ze gaar zijn, leg je de bonen en de duiven op een schotel met het kruidenmengsel bovenop.

Bron: Napolitaanse receptenverzameling uit de 2de helft van de 15de eeuw, recept 40.

NODIG:
twee kilo verse tuinbonen om te doppen, 2 duifjes, gezouten maar niet gerookt spek, 2 kaneelstokjes, 2 centimeter verse gember, 2 takjes marjolein, 1 takje munt en 3 takjes venkelgroen.

BEREIDING:
Dop de tuinbonen en doe ze in een pan met dikke bodem. Maak de duifjes schoon en leg ze op de tuinbonen. Voeg het spek toe, de kaneelstokjes en de gember. Giet er water (en/of witte wijn) bij tot de duifjes half onderstaan. Breng het geheel aan de kook en laat op laag vuur een half uur stoven. Schud de pan af en toe en zorg dat er voldoende vocht in blijft. Voeg dan de groene kruiden toe en laat nog een kwartier stoven. Als de pootjes van de duifjes loslaten, is het gerecht gaar. Dien het gerecht dan direct op.

08

PELGRIM

–

Recept:
WITTE KIP
MET RODE SAUS

Toch ontbrak er iets. Hij sprak erover met zijn buurman Gijsbert van Strathen. 'Kinderen,' zei deze. 'Een zoon. Neem een nieuwe vrouw, deze is onvruchtbaar.'

OP volgens alle menselijke regels zijn middelbare leeftijd begon koopman Louis Beys te twijfelen aan het leven. Hij was een van de vooraanstaande burgers van Buscuducis, zoals buurman Gijsbert de stad deftig noemde. Hij was bekend met prinsen en graven, die hem behandelden als hun gelijke, en hij had banden met de grote handelshuizen in Europa, de Mazetti's en de Fuggers. Zijn lidmaatschap van de Illustere Lieve Vrouwe broederschap was onomstreden en zijn huwelijk met Margriet Voss had de gezegende staat van de liefde bereikt waarin geen vleselijke verleidingen meer speelden – die haalde hij wel elders.

Toch ontbrak er iets. Hij sprak erover met zijn buurman Gijsbert van Strathen. 'Kinderen,' zei deze. 'Een zoon. Neem een nieuwe vrouw, deze is onvruchtbaar.' Louis schudde zijn hoofd. Hij miste een zoon, miste zonen, erfgenamen die zijn zaken zouden voortzetten in de wereld wanneer hij het paradijs betreden had, maar Margriet verlaten? Hun kinderloosheid lag niet aan haar, ze had twee zoons uit een ander huwelijk. Aan hem lag het ook niet, zijn zaad had bastaards verwekt bij verschillende werkvrouwen. Maar een wettelijke erfgenaam had Onze-lieve-heer hem onthouden.

Zijn biechtvader raadde hem een bedevaart aan, een nederige tocht op barre voeten. Louis schudde wederom zijn hoofd. Vrouwen gingen op bedevaart, om een kind. Mannen niet. Maar de biechtvader hield hem koningen voor die hetzelfde hadden gedaan, Clotharius bijvoorbeeld, en Dagobert I. Kon Louis het doel niet verhullen door te doen of hij op zakenreis ging? Naar Halle om de Zwarte Madonna te zien, bijvoorbeeld. Velen waren hem voorgegaan en hadden het wonder gekregen waarvoor zij zich hadden verootmoedigd.

Maar Halle trok hem niet. Een madonna hadden ze in Den Bosch ook, en hij kende het drassige gebied daar, dat in de herfst, wanneer hij zich van zijn zaken vrij kon maken, nog veel ontoegankelijker zou zijn. Juist de winter zou hij in een warmer klimaat door willen brengen. Spanje misschien. Dagelijks zag hij de pelgrims naar Santiago door de stad lopen, op de heenweg gebogen onder hun zorgen, op de terugweg gebruind en opgewekt, de Reizigersschelp op hun hoofddeksel.

Maar Castilië in de winter was nat en koud, hij was er twee keer geweest op zijn reizen en twee keer met een longontsteking teruggekomen. Bovendien haakte zijn hart naar iets groters, iets heiligers. Rome! Jeruzalem! En lopen was voor armen. Hij zou te paard gaan.

Hij sprak erover met Margriet, die knikte en hem gelijk gaf. Zij zou het fort houden tot hij in het voorjaar weer terugkeerde. Haar oudste, Gijsbert, kon bijspringen als het noodzakelijk was, daarover hoefde hij zich geen zorgen te maken.

✻

Dus op een mooie morgen in september vertrok Louis met een groep handelaars uit de Savoye, die hun zijden lakens hadden verkocht en nu naar huis verlangden. Al zijn vertrouwelingen stonden voor de Leeuwenburg. Margriet met haar zonen, jongens met wantrouwige ogen, en het personeel: Karel de knecht, Echteld de kokkin, haar keukenhulpjes en het beddenmeisje Aaltje. Ze keken allemaal alsof hij niet terug zou komen, maar Aaltje was de enige met tranen in haar ogen. Het bedroefde en verblijdde hem tegelijk. Aaltje met de zachte handen.

Maar hij vermande zich en steeg op. Over een half jaar was hij weer thuis.

Hij reisde met een knecht, een linnenzak en onder zijn buis een leren mapje met wissels, die hij bij bevriende handelshuizen tegen klinkende munt kon ruilen. Hij had overwogen om eerst over de Maas te reizen tot Sedan en daar te paard verder te gaan, maar die reis duurde maanden en hij vertrouwde de bootjes niet. Te paard was sneller en veiliger. Dries, de knecht, had een ezel die hem en de bagage droeg.

De groep reisde niet samen voor de gezelligheid. Ze kwamen door streken waar het gezag uit plunderende ridders bestond, herbergiers bekend stonden als messentrekkers en honden giftige tanden hadden. En als ze maar ver genoeg reisden, zouden ze zelfs leeuwen tegenkomen, fluisterde een Savoyard, en mensen met een pikzwarte huid. Maar om dergelijke praatjes lachte Louis. Hij was geen simpele poorter. Hij had gereisd, hij had *Die naturen bloeme* gelezen en over de wonderlijke reis van Marco Polo. En een wonderbaarlijke reis zou het worden, daarvan was hij overtuigd, maar je moest niet overdrijven. Leeuwen nog wel!

De reis viel tegen. Zijn zadel deed hem al na twee uur pijn, de hagel ratelde op zijn baret en het doel leek nog eindeloos ver weg. Hij was niet jong meer, dat was het. De veerkracht van de jeugd had hem al een tijd geleden verlaten, maar nu voelde hij zich echt oud. En ja, hij was al 35.

Maar de Savoyards trokken hem uit zijn sombere bui. Ze lachten en zongen, zetten plotseling een wedren in, wie het eerst bij de voorde was, gedroegen zich als een clubje knapen. In de regen.

Op de derde dag ging de zon schijnen en reisden zij sneller dan de dagen ervoor. Tegen de avond dook een rivier op die met lange lussen door weelderig grasland zwierf. Ze volgden de lussen tot een herberg op een kaap. Bootjes lagen op de oever, maar inmiddels was het zo donker dat de herbergier weigerde hen over te zetten. 'Donker,' zei hij in de lingua franca van westelijk Europa, dat uit woorden Frans, Duits en Latijn bestond. 'Gevaarlijk.'

Zijn herberg was voorzien van een lage palissade en woeste honden, maar het hoofdgebouw zag er gezellig uit. Kaarslicht viel door de kleine ramen, de deur stond uitnodigend open. Louis had geen bezwaar tegen een overnachting.

De waard toonde de enige aparte kamer, waarin hijzelf normaliter sliep. Louis accepteerde zonder aarzelen; ontbering van zijn strozak zou hem het gevoel geven weer te leven.

Na een maal van witte kip met saus hieven zij de bekers menig maal, gezamenlijk aan tafel, zelfs Dries. Al na een paar teugen tolde zijn hoofd, het was een lange dag geweest. Al na een uurtje zocht hij zijn bed op. Hij werd zelfs niet wakker van het blaffen van de honden.

'Donker,' zei hij in de lingua franca van westelijk Europa, dat uit woorden Frans, Duits en Latijn bestond. 'Gevaarlijk.'

Hij werd wakker in een onbekende kamer waar lange stralen zonlicht door de kieren vielen. Even zocht hij naar herinnering, in een hoofd dat bonkte alsof erop geslagen was. Toen wist hij het weer. De herberg aan de rivier. 'Chieres,' had de waard gisteravond gezegd, of iets dergelijks.

Toch opgewekt verrees hij, trok zijn warme rode mantel aan en daalde de trap af. Hij was benieuwd hoe zijn kompanen hadden geslapen.

Maar in de herbergzaal hing alleen de

waard met een grauw gezicht over de toog. Louis ging naar buiten. Niemand. Hij keek in de stal. Daar stond alleen de ezel.

Paniekerig keerde hij terug naar binnen en vroeg de waard naar de andere gasten, naar Dries.

'Zij weg,' zei de waard. 'Jij betalen.' Hij maakte met zijn vingers de universele beweging van geld. Betalen? Bezorgd ging Louis weer naar zijn kamer. Leeg, op het voddenbed na. Ze hadden alles meegenomen, en Dries had met ze samengewerkt. Hij bezat nog alleen een beurs met een paar duiten en de portefeuille met wissels onder zijn buis; kennelijk hadden ze hem niet het lijf durven aanraken.

De waard nam genoegen met de mantel en bood spontaan een maal van brij en bier.

Gelukkig scheen de zon tussen wolken door. De ezel liep niet snel maar wel gestadig en langzaam kwam Louis over zijn schrik heen. Het had veel slechter af kunnen lopen. Wat als de Savoyards nekkensnijders waren geweest? Dan was hij vanmorgen dood wakker geworden. Nu reed hij door malse streken en genoot hij van het zonnetje, wanneer dat scheen.

Maar 's avonds veranderde het landschap. Akkers lagen onbebouwd, van hofsteden waren alleen geblakerde resten over. Hij was in de streek beland tussen twee kampende hertogdommen, dat van Luik en dat van Bourgondië, en centraal gezag was ver te zoeken. Opgelucht meldde hij zich 's avonds bij een tolpoort, tussen Signy en Sauville, maar de soldenaeren grepen hem, namen hem zijn ezel af, ontdeden hem van zijn kleding en wierpen hem buiten, gekleed alleen in broek. De portefeuille smeten ze hem achterna, van papier hadden ze geen kaas gegeten.

Angstig sloop Louis weg in het donker, de map papieren tegen zijn borst gedrukt. Een nacht lang liep hij door tot zijn voeten bloedden. Tegen de ochtend kwam hij langs een kleine abdij van Cisterciënsers, waar de grijze broeders hem een oud bovenkleed gaven, versleten sandalen en een plek aan de behoeftigentafel. Louis schrokte de lauwe brij naar binnen.

Niemand kende hem verder en men behandelde hem alsof hij een overval kwam plegen. Daar stond Louis, in zijn smerige bovenkleed, een klein vermogen in wissels onder zijn arm. Er zat maar een ding op.

Toch weer opgewekt hernam hij zijn tocht. Hij was nu vlakbij Metz, waar hij bekend was bij de vestiging van de Fuggers; Xavier Fugger was een persoonlijke vriend. Hij zag dan ook met opluchting

De marskramer (buitenluik Hooiwagendrieluik)

Jheronimus Bosch, circa 1493 of later, Olieverf op paneel, 71 x 70,6 cm

de enorme puist waarop Metz gebouwd was, uit het moeras verrijzen. De wachters lieten hem onverschillig passeren. Door de straatjes vol geel-zandstenen huizen zocht hij zijn weg naar de Markt, waar de Rotschilds gevestigd waren.

Hij kwam op een ongelukkig moment. Xavier was twee dagen eerder overleden na een zware maaltijd, de eerste knecht was voor een onbekende periode op reis en de handel lag stil. De treurende weduwe hield iedereen buiten. Niemand kende hem verder en men behandelde hem alsof hij een overval kwam plegen.

Daar stond Louis, in zijn smerige bovenkleed, een klein vermogen in wissels onder zijn arm. Er zat maar een ding op.

✻

De Lombard deed wantrouwig de deur open en sloot hem meteen toen hij de bedelaar zag, maar Louis wuifde met een stuk papier en dat maakte de oude nieuwsgierig. Zijn baard liep uit tot een punt en reikte tot zijn middel. Hij snuffelde aan de wissels alsof hij de betrouwbaarheid kon ruiken, hield ze tegen het licht, woog ze op zijn hand en bestudeerde ieder plooitje en vouwtje. 'Van wie heb je die gejat?' Louis protesteerde luidkeels maar voelde zijn vervallen plunje en zijn buitenstadsschap tegen hem werken.
'Ik kan je tien livres geven.' 'Tien?!' Louis' kreet was hoorbaar tot op straat. Het biljet was een factor tien meer waard. 'Graag of niet.' De Lombard keerde zich af
Met een gekwetst gemoed, nieuwe maar goedkope kleren en een redelijk gevulde beurs nam Louis zijn intrek in de herberg. Na een rijk maal strekte hij zich uit op een zacht matras, onder een donzen deken. Hij had eventjes genoeg ontbering gehad. En morgen zou hij een paard kopen om verder te reizen, van lopen had hij meer dan genoeg.

✻

Twee maanden later liep Louis Beys op zijn gemak langs de werfjes aan de kaden van het Grand Canal. Het leven lachte hem weer toe. In Genua was Gode hem toch welgevallig geweest. Al had het daar in het begin niet op geleken.

Aangekomen bij de Fertilis liet hij zijn bagage aan boord brengen. Hij gaf de drager geen fooi; straks kreeg de bemanning het idee dat hij een kapitaal op zak had en verdween hij onderweg. Dat had de laatste reis hem wel geleerd: je kon niet voorzichtig genoeg zijn.

De kapitein, elegant en gladgeschoren, kwam zijn gast begroeten. Het tij was gunstig, de mannen haasten zich om de laatste zaken vast te sjorren, Louis stapte aan boord en voelde het dek onder zich bewegen.

Met het vallende tij voer de Fertilis uit. Louis stond wat wankel op de voorplecht en keek uit over zee.

De hele toch liep het schip als een mak paard. Ze deden Zadar aan en Dubrovnik, rondden de vingers van de Peloponnesos en zetten koers naar Tyrus. Maar twee dagen voor de geschatte aankomst stapelden donkere wolken zich op de horizon. De wind stak op en de Fertilis stootte in de golven. Zware golven spoelden het schip in, de matrozen trachtten te hozen maar vielen om bij iedere dei-

ning. Louis stond bij de mast en keek ontzet toe. De wind leek alleen maar toe te nemen, het schip was een houtje in de kolkende zee.
'Dit is niet natuurlijk,' schreeuwde de stuurman. 'De goden zijn tegen ons. We mogen niet aankomen.' 'We hebben niets bijzonders aan boord,' schreeuwde de kapitein terug. Maar de bemanning loerde naar Louis.

En zo kwam het dat, op golven hoog als huizen, de wanhopige bemanning de enige passagier oppakte en overboord zette, met een leeg vat om te blijven drijven, want 'Wij zijn geen moordenaars.'

De storm zakte onmiddellijk en binnen een half uur was de zee zo vlak als een vijver. De Fertilis richtte zijn neus weer naar de kust van het Heilige Land. Louis bleef achter met zijn lege vat.

Het water trok aan zijn kleren, die vol en zwaar werden. Hij trok ze een voor een uit tot hij alleen nog een lendendoek aanhad. Langzaam dreef het vat met zijn passagier met de stroming mee, naar het oosten.

De nacht viel en Louis Beys hield zich vast. Zijn armen waren van steen, zijn geest leeg van het bidden om lijfsbehoud. De sterren straalden op hem neer. Duizenden sterren in een koepel van zwart.

Dus zo had God bedacht om hem tot zich te roepen: week als een zeemleren lap, vol als een spons. Louis Beys was er klaar voor.

Maar nog voor de zon opkwam voelden zijn voeten grond. Hij liet het vat los en waadde verder. Steeds hoger kwam hij uit het water, voor hem lag een breed strand, daarachter tinkelden lichtjes. Louis deed drie stappen en viel neer.

Een hand wekte hem. Hij draaide zich om en keek omhoog. Een bebaard gezicht keek hem ernstig aan en sprak onverstaanbare woorden. Louis kwam overeind, krom en stijf als een jichtleider. Weer zei de man iets onverstaanbaars en wees naar het land. Louis strompelde achter hem aan.

Zo vertelden ze het verhaal van Louis Beys nog een eeuw later in onze stad. Hoe hij, na een maaltijd van de visserman, barrevoets naar het zuiden trok, alleen gekleed in een lendendoek.

Zo vertelden ze het verhaal van Louis Beys nog een eeuw later in onze stad. Hoe hij, na een maaltijd van de visserman, barrevoets naar het zuiden trok, alleen gekleed in een lendendoek. Hoe hij leefde van aalmoezen en sliep op een bed van gras onder de deken van de hemel. Hoe nederig hij was en hoe ingetogen, zozeer dat soms muzelmannen

08

PELGRIM
–
Recept:
WITTE KIP
MET RODE SAUS

met hem optrokken. Hij hielp met het trekken van karren en het oogsten van granaatappels zonder iets meer te willen dan een bete broods – nu ja, en drie granaatappels, want daarnaar was hij wel heel nieuwsgierig.

Zo kwam hij in Jeruzalem, gehuld in lompen. Bevriende handelslieden herkenden hem niet, hij vermeed hun aandacht te trekken. Alle heilige plekken bezocht hij, op zijn knieën, en deed boete in het openbaar. Hij hoorde van de Heilige Catharine, een van de noodhelpers, en van het klooster naast de Sinaï-berg, waar haar lichaam werd bewaard. Op zijn knieën legde hij de tocht daarheen af, en weer terug. Alsof hij een heilige was, bleven zijn knieën ongeschonden. De mensen noemden het een wonder maar hij wimpelde hun lofprijzingen af.
Hoe hij is teruggekomen in de stad weet niemand precies, maar hij verscheen en nam zijn plaats tussen de poorters weer in. Een wijzer man.

Wat de meesten er niet bij vertellen, tenzij ze gedronken hebben en de vrouwen er niet bij zijn, is dat Onzelieve-heer hem wèl had bedacht met een zoon. Maar niet met een erfgenaam. Aaltje met de zachte handen stond klaar bij het gerucht van zijn komst, een zuigeling in haar armen.
En dan lachen ze. Maar niemand weet of het echt waar is.

Granaatappel

Het woord 'granaatappel' (*punicum granatum*) komt van het oud-Franse *pomme-grenade*: 'appel' vol met 'zaden'. De vrucht, die van oorsprong uit Perzië stamt, groeit aan halfhoge bomen. Al zesduizend jaar geleden worden deze aangeplant in Mesopotamië. De granaatappel vindt zijn weg ook naar het Middellandse Zeegebied en via de zijderoute naar China.

De Torah, het Oude Testament, de Koran, allemaal roemen ze de kwaliteiten van de granaatappel. Vaak wordt de granaatappel in verband gebracht met vruchtbaarheid. Ook is hij gesymboliseerd als rijksappel. Daarnaast staat de granaatappel voor het vele lijden en de wederopstanding van Jezus. Daarom wordt hij veelvuldig opengebroken afgebeeld in de handen van Maria of haar kind, onder meer bij Botticelli en Leonardo da Vinci.

Maar vooral populair is de granaatappel vanwege zijn heerlijke smaak en medicinale eigenschappen. In India, Pakistan en delen van de Arabische wereld zijn de zaden van de vrucht geliefd als specerij (*anardana*, van het Perzisch *anar* en *dana*: granaatappel en zaad). De pitten en het sap maken taai vlees mals.

Hoe zijn er granaatappelpitten terechtgekomen in de beerputten van 's-Hertogenbosch? In de middeleeuwse keuken worden ze hooguit gebruikt om bakwerk mee te versieren. Maar wie weet worden ze ook als vrucht gegeten en zijn de pitten langs natuurlijke weg in de beerput gekomen. Of misschien komen ze mee terug met een pelgrim, die Jeruzalem heeft bezocht.

WITTE KIP

Willen jullie een witte gebraden hoen bereiden, braad dan een hoen, en neem eiwit en een beetje bloem daarbij, doe er wat specerijen bij en klop het goed dooreen en giet dat over het hoen en zet het dan in de oven.

Uit: *Küchenmeisterei*, Nürnberg, ca. 1490, bewerkt in *Das Kochbuch des Mittelalters* van Trude Ehlert (1990).

NODIG VOOR 4 PERSONEN:
1 poularde (braadkip, denk aan Chaams Hoen, Kemper hoen of andere lokale scharrelkip) van ongeveer een kilo, zout, witte peper, 2 peterselietakjes, 80 gram reuzel, sap van een ½ citroen, 4 eiwitten, ½ theelepel witte peper, klein blaadje foelie, een snuf zout en 1 eetlepel bloem.

BEREIDING:
Verwarm de oven voor op 200 tot 225°C. Was de poularde, dep droog en zout de kip van buiten en binnen. Bestrooi van buiten ook met peper. Doe de peterselietakjes in de buikholte.

Leg de kip in een ovenschaal. Smelt de reuzel en giet die over de kip. Zet in de oven en laat 50 minuten braden. Leg voor de zekerheid een stukje folie over de borst, zodat die sappig en blank blijft. Bedruip regelmatig met het braadvocht. Haal de kip uit de oven en laat wat afkoelen.

Druppel citroensap over het hoen. Temper de oven naar 170°C. Klop het eiwit met de fijngestampte foelie, peper en een snuf zout stijf tot er pieken in komen. Strooi de bloem er door een zeef luchtig overheen en schep voorzichtig om. Breng een laagje van het eiwitmengsel aan op de kip en laat ongeveer 15 minuten bakken in de oven. Het eilaagje mag wel knapperig worden maar niet echt verkleuren.

Tip: neem per persoon een kippenbout, dat voorkomt ruzie aan tafel. Kook de kippenpoten met een stukje gember, een uitje en wat peterselie gaar. Ontvel ze, druppel er citroensap over en volg verder het recept hierboven.

Serveer met één van de sauzen op de volgende pagina.

GRANAATAPPELSAUS
VOOR VERRE REIZEN

Sibágh

Dit sausje is een middeleeuwse voorloper van instant pakjessaus, het bouillonblokje en ketjap: bedoeld om smaak te geven wanneer en waar het je uitkomt. Een sausje voor reizigers, die lange afstanden afleggen.

Sibágh dateert uit de Abbasidische periode (8ste tot en met 12de eeuw van onze jaartelling). Het Abbasidische rijk strekt zich uit van Iran en Irak tot aan de noordkust van Afrika, omvat Sicilië en Syrië en het zuiden van Turkije. Een brokje sibágh is ook een mooi souvenir voor pelgrims die terugreizen vanaf Jeruzalem. Voor onderweg of voor thuis.
Granaatappelpitten maken taai vlees mals. Daarom is dit sausje voor verschillende toepassingen geschikt. Ook voor niet taai vlees of peulvruchten.

Neem een deel granaatappelpitten, een deel rozijnen, plet ze en voeg peper en komijn toe. Meng ze in de saus en vorm er platte ronde schijven van. Als je het nodig hebt kun je ze met azijn zacht maken en opeten.

Uit: *Medieval Cuisine of the Islamic World*, Lilia Zaouali, 2007

NODIG:
200 gram granaatappelpitten, 200 gram rozijnen, 1 afgestreken eetlepel peper en 1 afgestreken eetlepel komijn. Voor het gebruik: 1 dl rode wijnazijn of half wijnazijn, half water.

BEREIDING:
Verwarm de heteluchtoven voor tot maximaal 60°C. Doe alle ingrediënten in een keukenmachine en maal er een prutje van. Doe dit in een zeef en laat uitlekken; vang het vocht op. Vorm van het uitgelekte prutje een ronde koek en leg die op een bakplaat. Plaats de bakplaat in het midden van de oven. Maak de oven niet helemaal dicht. Is er geen kierstand? Stop dan een houten lepel tussen oven en ovendeur. Laat de koek in ongeveer 6 uur uitharden of langer als het nodig is. Je kunt de koek ook twee dagen in de zon leggen, maar dat is in Nederland niet altijd een optie.

Is de koek droog, dan kun je hem meenemen op verre reizen. Los de koek vlak voor gebruik op in wijnazijn. Warm de saus even op en serveer bij lamsvlees of kip. Geen zin in een verre reis, maar wil je de saus toch eten? Dan sla je het hele uitlek- en droogproces over. Je doet het prutje mét het sap in een pan, doet er een scheut rode wijnazijn bij, warmt hem op en serveert de saus bij lamsvlees of kip.

BRUINE SAUS BIJ WITTE HOENDERS

Neem Italiaanse rozijnen, wrijf ze klein en doe ze door een zeef met goede wijn en doe er specerijen bij. Dan heb je een goede saus.

NODIG VOOR 4 PERSONEN:
125 gram ongezwavelde rozijnen, ¼ liter rode wijn (denk aan een pinot noir uit de Bourgogne), ¼ tot ½ theelepel zwarte peperkorrels (of paradijskorrels), ½ theelepel gemberpoeder, ½ theelepel kaneel en een snuf grof zeezout.

BEREIDING:
Kook de rozijnen kort op in de wijn en pureer ze in een blender, vijzel of met de staafmixer. Wrijf ze door een zeef en zet weer op het vuur om wat in te koken. Stamp zout en peper, kaneel en gemberpoeder samen fijn en breng daarmee de saus op smaak.

SAUCE POITEVINE

NODIG:
½ theelepel peper (liefst melegueta), 1 kruidnagel, 2 oude witte boterhammen, 1 eetlepel reuzel of boter, 100 gram kippenlevers, ½ theelepel gemberpoeder, ½ theelepel zout, ½ glas rode wijn en 1 eetlepel rode wijnazijn.

BEREIDING:
Stamp de peper en kruidnagel tot poeder, haal de korstjes van de boterhammen en snijd ze in vierkantjes. Smelt dan de reuzel of boter in een koekenpan. Leg de kippenlevers erin en strooi alle specerijen erover. Bak de levers 4 minuten aan één kant en 3 minuten aan de andere. Haal de levers uit de pan en doe ze in een kom.

Bak de stukjes brood in het achtergebleven braadvet. Voeg, als het brood kleurt, wijn, wijnazijn en zout toe. Laat sudderen tot het brood uit elkaar valt. Giet dan alles bij de kippenlevers. Pureer de saus met de staafmixer en druk het resultaat voor een heel fijn resultaat nog even door een zeef.

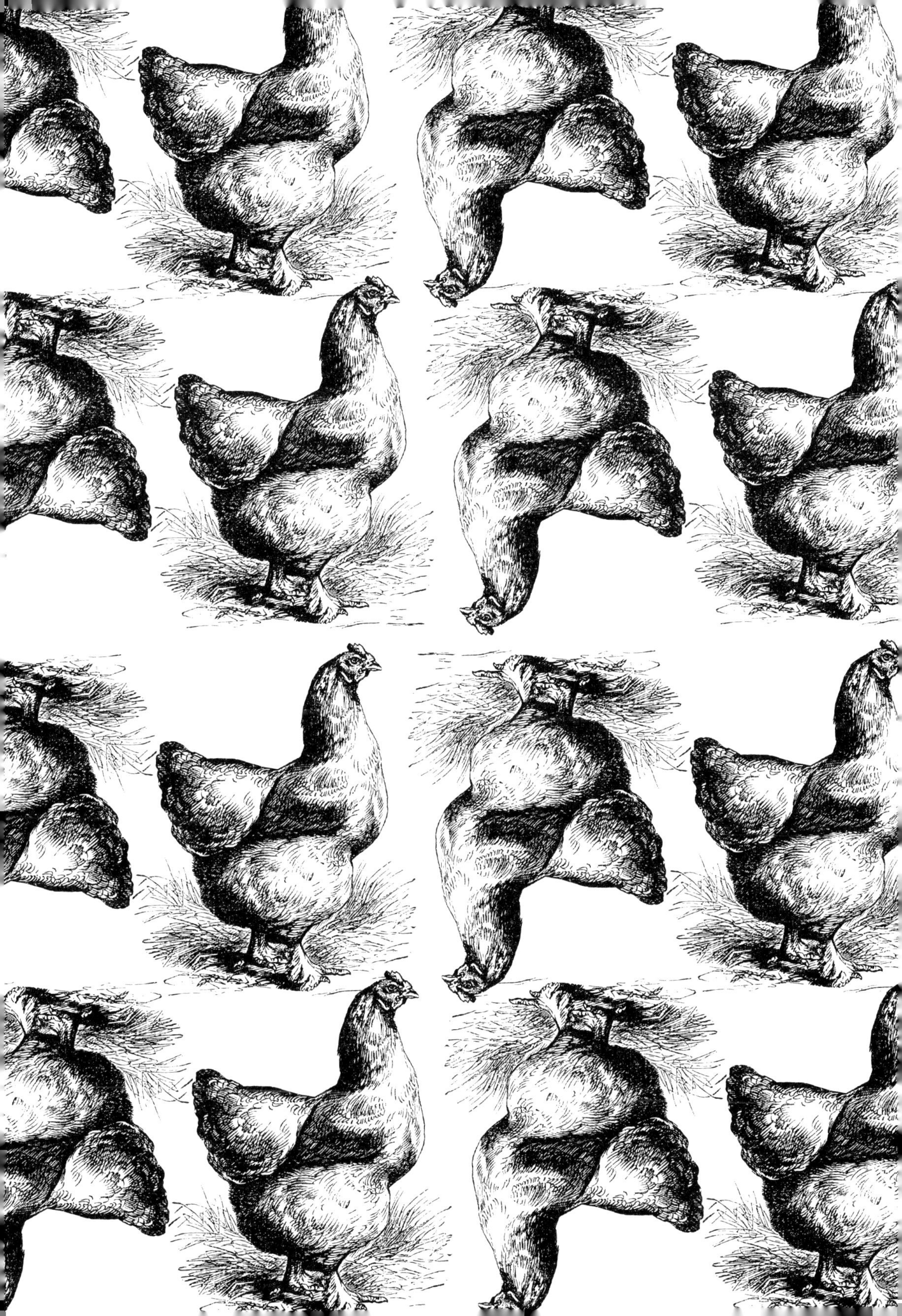

09

TAFEL MANIEREN

–

Recept:
GALMEFREY

'Alle jongens zijn zoals de anderen. Daar kom je nog wel achter.' 'Zijn ze allemaal,' de jongen aarzelde. 'Zijn ze allemaal zo lomp? Zo luidruchtig? Schrokken ze allemaal als varkens, zitten ze allemaal met hun ongewassen handen aan het brood?'

DE opgewonden studenten hadden de refter verlaten nu de nappen leeg waren. Hun geschreeuw klonk van de binnenplaats en in de gang. De bediende ruimde de tafel leeg en lette niet op die ene donkere leerling die nog aan tafel zat, zijn handen tot vuisten gebald, zijn neus in woede opengesperd.

Varkens waren het! En dan beledigde hij de dieren. Zoals ze hadden geschrokt! Hun handen veegden ze af aan hun buis en liever nog aan die van hun buurman. Ze knaagden botten alsof ze honden waren. Maar honden hielden tenminste nog hun mond. Zij niet, met hun stupide gelal, hun grootspraak!

In de deuropening verscheen Broeder Gerardus. Hij doofde de kaarsen met een snuiter, een voor een. De schaduwen drongen op. 'Kun je het vinden met je makkers?' vroeg hij. De jongen haalde onwillig zijn schouders op.

Gerardus liet drie kaarsen branden en nam plaats naast de jongen, op de hoek van de tafel. 'Je bent hier nog maar net.' Hij vouwde zijn handen in zijn mouwen; buiten joeg de wind om het fraterhuis. 'Uit Zwolle gekomen, toch? Gevlucht voor de pest?' 'Uit Deventer,' zei de jongen kort. Gerardus knikte peinzend. 'De geboortestad van onze stichter. En toch zo bezocht.' Hij schudde zijn hoofd. 'Goed dat je bent gevlucht. Maar kun je het vinden met je makkers?' Weer haalde de jongen zijn schouders op. 'Ze zijn zoals anderen.'

'Schrijf ze op en laat ze ons lezen, vooral je kameraden. Misschien dat ze ervan leren en in elk geval zal het ons stichten.'

De broeder lachte. 'Alle jongens zijn zoals de anderen. Daar kom je nog wel achter.' 'Zijn ze allemaal,' de jongen aarzelde. 'Zijn ze allemaal zo lomp? Zo luidruchtig? Schrokken ze allemaal als varkens, zitten ze allemaal met hun ongewassen handen aan het brood?' Gerardus hield snel een hand voor zijn mond maar kon de glimlach niet verbergen. 'Ben ik dan de enige,' foeterde de jongen voort, 'die niet een joffer achter de gordijnen trekt zodra hij de kans krijgt?'

Nu verstarde het vriendelijke gezicht van Gerardus, de kaarsvlammen schoten hoger op. 'Wie deden dat?' vroeg hij op scherpe toon. 'Vroeger, in Deventer.' De jongen maakte een gebaar naar het noorden. Gerardus kalmeerde. 'Als je dat ooit hier ziet moet je meteen naar mij komen,' zei hij. 'Maar ja. Dat is wat jongens doen.' 'Dan ben ik geen jongen.' Gerardus lachte weer. 'Sommigen van ons zijn gezegend met een natuurlijke kuisheid. Misschien ben jij daar wel een van.' Hij stond op en reikte naar de snuiter.

De jongen luisterde naar de wind, die nog heftiger om het huis gierde. 'Nam in convivio,' zei hij ernstig, 'nec tristem esse decet nec contristare quenquam.'* 'Heel goed,' zei de broeder en hij dacht even na. 'Heb je vaker zulke gedachten?' De jongen knikte stroef. Ze zouden eens moeten weten. 'Schrijf ze op.' Gerardus knikte tevreden. 'Schrijf ze op en laat ze ons lezen, vooral je kameraden. Misschien dat ze ervan leren en in elk geval zal het ons stichten.'

Hij klopte de jongen op de schouder en liep weg, richting de deur. In de opening draaide hij zich nog een keer om. 'Je bent hoe dan ook van harte welkom, Desiderius.' En hij verdween in de ingewanden van het gebouw.

* *Tijdens de maaltijd moet men niet somber lijken noch anderen somber maken.'*

Meeneembestek

Zelf je eetgereedschap meenemen is in vroeger tijden meer noodzaak dan arrogantie. Wanneer je op reis gaat, kun je het geluk hebben dat je ergens een kom soep krijgt. Maar bestek is toch vaak echt teveel gevraagd.

Natuurlijk heb je een mes bij je. Onder handbereik aan je gordel. Je lepel steek je in de rand van je hoed. Dan weten de mensen meteen dat je wel eens trek kunt hebben in een bordje soep na een lange dagtocht. En dan is een lepel wel praktisch; verder is het heel normaal om met je vingers te eten. Vorken zijn er nog niet in de tijd van Jeroen Bosch. Alleen de adel heeft tweetandige vorkjes voor de confiture bij het dessert. En een voorsnijvork – die past bij het voorsnijmes – om grote vissen, vogels en stukken vlees mee te verdelen.

Zelfs als je wordt uitgenodigd voor een banket of maaltijd bij iemand thuis, kun je er niet zeker van zijn dat er voldoende bestek en borden zijn voor alle disgenoten. Hoe rijker de gastheer of gastvrouw, des te groter de kans. Maar meestal deel je je bord, je mes en soms ook je glas of beker.

Maar al is er minder gereedschap en eet je voornamelijk met je handen, tafelmanieren zijn van alle tijden. Kinderen worden dan ook goed opgevoed in ‘hoe het hoort'.

Tafelmanieren

Als je voor slim wilt doorgaan,
Grijp je niet als eerste, maatje.
Van de schotel, maar laat je
De heer des huizes voor gaan.

detail uit De Tuin der lusten

Jheronimus Bosch, 1480-1490,
olieverf op paneel, 220 x 389 cm

GALMEFREY

Dit recept komt in vele talen, landen en tijden voor en klinkt overal even vrolijk: *galimafree*, *calimafree*, *gallimaufrey* of *galmefrey*. De naam is vermoedelijk een afleiding van het Franse *galer* – jezelf amuseren, een vrolijk leven leiden – en het Picardische *mafrer*, dat bij ons 'moffelen' is geworden: veel en lekker eten. Het Engelse *gallimaufry* betekent tegenwoordig zoiets als 'hutspot' of 'ratjetoe' en wordt vooral in de overdrachtelijke zin gebruikt. Galmefrey is een ragout van diverse soorten vlees. Maar in feite is dit recept ook een ratjetoe, waarmee je alle kanten op kunt.

Om te maicken Galmefrey

Neemt gebraden hoenderen of gebraden schapenvlees ₉oudere versies gebruiken beide vleessoorten₀ en snij die klein. Fruit het vlees in boter. Neem dan witte of rode wijn, kaneel, suiker, mosterd en wrijf het door een zeef en doe deze substantie bij het vlees en laat het opkoken.

Bron: Gents manuscript UB Gent 476 (eerdere versies in de 'Ménagier de Paris', 1393, en 'Le Viandier de Paris', 15de eeuw).

Eigenlijk is galmefrey restjes-eten, maar tegenwoordig hebben we vaak geen restjes meer, dus beginnen wij opnieuw.

NODIG:

4 kippendijen met bot, ½ ui, 1 wortel, 1 takje selderij, 1 blaadje laurier, een klein stukje foelie, ½ theelepel peperkorrels, water, 500 gram lamsvlees (bijvoorbeeld lamsnek, -rug of -voorbout) in blokjes, 100 gram roomboter, 2 dl witte of rode wijn, 1 theelepel kaneel, 1 eetlepel suiker, 1 eetlepel pittige mosterd.

BEREIDING:

Kook de kippendijen bijna gaar in een pan met water, de halve ui, wortel, selderij, laurier, foelie en peperkorrels. Haal de kip uit de pan.

Smelt de roomboter in een pan met dikke bodem. Braad hierin de kippendijen en het lamsvlees aan, zodat het aan alle kanten een beetje bruint. Giet er een glas wijn over en vul aan met kippenbouillon tot alles onder staat.

Roer een papje van wijn, kaneel, suiker en mosterd, en voeg dit toe aan het vlees. Draai het vuur laag en laat een half uur tot drie kwartier sudderen tot ook het lam gaar en mals is. Zorg dat er voldoende vocht in de pan zit en voeg zo nodig wat extra boter, wijn of water toe. Breng op smaak met peper en zout.

Voor galmefrey met extra geur en fleur – en een beetje meer zoals in 'Le Viandier': snijd 2 uien in kwart ringen en plet een of twee teentjes knoflook. Wanneer het vlees is aangebraden haal je het uit de pan en bak je ui en knoflook licht goudbruin. Roer er een eetlepel ras-el-hanout door (het moderne 'fijne poeder') en bak even mee. Doe dan het vlees weer in de pan en giet er de wijn en bouillon over. Doe er de laatste tien minuten nog twee fijngesnipperde preitjes bij.

Nog een Franse variatie: voeg behalve de 2 uien ook nog een handje rozijnen toe, een handje amandelen, een handje gedroogde vijgen in stukjes, een scheut verjus of ciderazijn en een mengsel van nootmuskaat, gember, galanga, zout en peper.

10

SMOKKEL-
WAAR

–

Recept:
WIJNSAUS VOOR
GEROOSTERD VLEES

Hij had 'ja' gezegd. Om het avontuur, om de pret de Geldersen te slim af te zijn. En nu zou hij willen hij dat hij nog nooit van een beeld van Sint Jan had gehoord.

DE NACHT

lag als een mantel over Keulen. De poorters waren binnen, uit angst voor de duivels en de heksen die om middernacht hun bal zouden beginnen: het was volle maan. Zilverig scheen hij op de dakpannen van de huizen en maakte de schaduwen tot donkere poelen.

Door de straten slofte de klepperman. Hij riep de tijd met schorre stem en bleef in het licht, waar het duivelsbroed hopelijk niet durfde te komen. Heksen zag hij niet, wel enkele schichtige hoeren en hun *putiers*. Misschien waren ze op weg naar het heksenbal, de klepperman zou er niet naar vragen. Hij liep haastig door.

Uit een steegje kwam plotseling een lange man, gekleed in een donker gewaad. De huid van de klepperman begon te tintelen tot onder zijn nagels, tot achter zijn ballen. Maar hij ontspande toen hij de voetganger herkende. 'Avond, Vader Aurelius,' bromde hij. Vader Aurelius groette vluchtig terug. Hij had haast. Hoe eerder hij binnen was, hoe beter. Hij viel natuurlijk onder de bescherming van Onze-lieve-heer, maar met die verdomde duivels wist je het nooit. Aan Vader Bernardus was er ooit eentje verschenen met het hoofd onder de arm. 'Hij zette het er gewoon weer op,' vertelde de pater, die niet bekend stond om zijn fantasie.

Aurelius sloeg rechtsaf, de straat van de timmerlieden in, en toen naar links waar de kuipers hun woningen hadden. Bij een onopvallend huis bleef hij staan en klopte hij op de deur. 'Aurelius hier,' zei hij zachtjes. De deur ging open. Aurelius verdween. Het laatst zichtbaar was zijn glanzende tonsuur.

Binnen staarden verbaasde ogen hem aan. 'U hier, vader?' zei de kuiper, een korte man die in het schaarse licht wel een dwerg leek. 'Is er iets mis?'
'Zonder zegen kan het niet,' zei Aurelius. 'Waar is die verdomde Brabander?'

'Hier.' Achterin het vertrek stak een grote schim zijn hand op. Aurelius voelde zijn wangen rood worden en zegende het slechte licht. 'Waar is het?' De grote schim gebaarde, twee potige knechten tilden een kistje op en kwamen wankelend naderbij. 'Wilt u het zien?' Aurelius schudde het hoofd. Hij geloofde het zo wel. Hij sloeg een kruis boven het hout, prevelde een weesgegroet en knikte. De mannen wankelden verder naar voren en tilden het kistje met een laatste krachtinspanning in een lege ton. De kuiper hamerde het deksel erop en bracht een spongat aan.

Toen was het aan de Brabander.
'Hoeveel mensen weten er nu van?' vroeg Aurelius. 'Verraad ligt op de loer.' 'Wie het weet moet het weten,' zei de kuiper kortaf.

*

Bij het krieken vielen zonnestralen door de kieren van de deur. Twee knechten hesen het vat op een handkar en ratelden het gevaarte door de kuiperstraat naar de straat waar Ketelers zat, een oude Bosschenaar en de vaste wijnverkoper van 'de Brabander'. Eigenlijk was hij gek, zei Gerard van Bercke tegen zichzelf. Natuurlijk had het een mooi plan geleken. En noodzakelijk. Een daad voor zijn stad. Want wat was de Sint-Jan zonder een beeld van Sint Jan?

De zon van de morgen had hen in de steek gelaten. Grauwe wolken kwamen aandrijven, lage wolken die als een schuldig geweten boven het laagland hingen.

Maar dat was in de Grote Engel aan de Markt, omringd door vrienden en kennissen, onder wie de provoost, die grote kannen wijn aandroegen (zijn eigen wijn!) en hem verleidden. Ja, verleidden! Want hun argumenten waren overtuigend. Er was niemand anders die het kon doen. Wie had zo'n goede contacten in Keulen als hij? Vanuit Luik kwam de toestemming, van de bisschop een algehele aflaat voor wie Gods welgevallige werk deed. Die aflaat, die kon een man van zijn statuur toch ook wel gebruiken?

Van Bercke legde zijn hand op de ton en kon het kistje daarbinnen bijna voelen. Hij had 'ja' gezegd. Om het avontuur, om de pret de Geldersen te slim af te zijn. En nu zou hij willen hij dat hij nog nooit van een beeld van Sint Jan had gehoord. Van goud, van zilver of van drek.

Nietsvermoedend vulden Ketelers' knechten de lege ton met die romige, licht zoete wijn uit het Rijnland waar Van Bercke normaal zo trots op was. Nu liet het hem net zo koud als water.

De avond ervoor had hij al afscheid genomen van Ketelers, die nu nog op een oor lag en niet voor een laatste vat zijn goede gewoonte wilde verbreken. Weer met zijn hand op de ton, die nu vertrouwenwekkend vol aanvoelde, liep Van Bercke naast de kar naar de benedenstad, waar in de haven de schipper, die hem door Vader Aurelius was aangeraden, wachtte op hem en op zijn vat.

*

Dusseldorp was gepasseerd, Emmerich lag voor de boeg en daarna Nijmegen. Het is nog ver. Grijs stroomde de rivier en grauw waren de oevers. De zon van de morgen had hen in de steek gelaten. Grauwe wolken kwamen aandrijven, lage wolken die als een schuldig geweten boven het laagland hingen.

Het was al de zoveelste keer dat hij deze reis maakte, maar nog nooit was Van Bercke opgevallen hoe onherbergzaam het was op het water. Hoe zichtbaar ze waren vanaf de kant en hoe langzaam zo'n schouw de brede bochten van de Rijn volgde. Het gezag van de Bisschop van Keulen reikte nog tot hier, dus waren er geen rivierpiraten te duchten. Maar wat als het gezag zelf belangstelling had voor de ton? Of voor de inhoud? Wat als ze verraden waren?

De schipper, een magere kerel uit Bommel, zette zich naast hem op de heef. 'Rustig vaartje,' zei hij en spuwde in het water. 'Over drie dagen in 's-Hertogenbosch.' Nog drie dagen varen. Of beter: schommelen, want ondanks het zeiltje schommelde de schouw vooral met de stroom van het water mee. Gelukkig regende het niet. Het was niet de eerste tocht die Van Bercke maakte, maar toen bestond zijn handel niet uit contrabande.

'Zitten hier eigenlijk rovers? Piraten?', voeg hij aan de schipper. 'Ach, meneer.' De schipper maakte een afwerend gebaar. 'Spreek daar niet over. Dat brengt ongeluk.'

*

Hij wees naar voren, waar het grijs van de rivier overging in het grijs van de wolken. 'Van hier tot Kleve was het voortdurend uitkijken, en dan weer vanaf Nijmegen. Iedere stad had zijn tollen en bij ieder dorp lag wel een bewapende troep. Dat is wat de oorlog doet. Dankzij de bisschop is het weer rustig.' Hij spoog in het water en wees vaag achter zich, richting Keulen. 'Maar je weet het nooit. Twee weken terug werd nog een aak vol kazen geplunderd door een troep uit Munster.' Hij wierp een schuine blik op het vat. 'En ze houden nog meer van wijn.'

Van Berckes haren rezen te berge. Zijn

detail Het laatste oordeel

Jheronimus Bosch
circa 1486 of later, Olieverf op paneel, 99,5 × 117,5 cm

Rijnwijn boven alle jonge wijnen,
Rtenzij het Beaune zou zijn,
Is de lof en de glorie van elk festijn.

10

vat, dat daar eenzaam lag tussen wat zakken graan en een grote kist. Wat zouden zijn gelijken wel niet zeggen als hij zonder Sint Jan thuiskwam? 'Het gebeurt niet vaak,' hoorde hij de schipper zeggen. 'Een klant met een vat. De meesten stapelen tot aan de boeiboord.'

Hij heeft het door, dacht Van Bercke. Het is verraden, ze weten wat er echt inzit. Ongerust nam hij de schipper op, zijn magere gezicht met stoppelbaard en grote handen. Moordenaarshanden! Vannacht zou hij een mes pakken en als Van Bercke slaapt, zijn keel afsnijden en het vat verdonkeremanen. Zilver deed rare dingen met een mens. 'Normaal gaan we met de wagen,' zei hij. 'Maar het is gevaarlijk onderweg. De boot leek beter.'

'U ook een slok?' vroeg de schipper en schonk een beker in. 'Uit eigen wijngaard.' Van Bercke keek schuins in het drinkgerei maar zag geen teken van vergif. Na de eerste slok moest hij toegeven dat, al was de schipper een moordenaar, hij wel een goed glas wijn schonk.

SMOKKELWAAR
–
Recept:
WIJNSAUS VOOR GEROOSTERD VLEES

Na een half doorwaakte nacht, waarin hem niet de keel was afgesneden, kwamen wolken uit het westen de hemel bedekken. Alles werd grijs, de rivier ging onmerkbaar over in land en land weer in de rivier. Alleen heel ver weg, waar het grijs bijna zwart werd, stak een stuwwal uit het land.

Eerdere keren vond hij dit stuk maar saai, maar nu was Van Bercke er blij mee: in zoveel weidsheid was een scheepje moeilijk te zien. Zo mocht het wel blijven, bij Emmerich, Nijmegen, langs Dudenwerth en Tiel, meest Gelderse plaatsen, vijandig tegenover alles wat Brabants was. Nog twee dagen. Waren ze maar vast om.

Tegen de avond pinkelden lichtjes aan de horizon. De schipper wees vooruit. 'Emmerich,' zei hij. 'We overnachten in de haven. De waterpoort gaat 's nachts dicht.'

Van Bercke knikte bedachtzaam. Dat beschermde ze tegen overvallen van buiten, maar hoe zat het met de poorters van de stad zelf?

'We zullen waken,' zei de schipper. 'Om beurten. En als ze het vragen, zegt u maar dat u een Hollander bent. Ze houden hier niet van Brabanders.' Dat wist Van Bercke al wel. 'U bent toch ook een Geldernaar?' 'Ik ben schipper,' lachtte de schipper en verlegde de koers naar lager wal.

Onze-lieve-heer heeft de sterren gemaakt om de mens ook 's nachts aan Zijn almacht te herinneren. Niets meer. Maar vooral ook niets minder.

In het donker lag Van Bercke op zijn rug op de bodem van de boot, naast zijn vat, en keek naar de sterren. De wolken van de dag waren verdwenen, duizenden sterren staarden op hem neer. Elke ster is de ziel van een doodgeboren kind, zei zijn moeder altijd. Maar dat leek hem onzin. Onschuldige kinderen hebben hun eigen plaats in het voorgeborchte, dat wist iedereen. Onze-lieve-heer heeft de sterren gemaakt om de mens ook 's nachts aan Zijn almacht te herinneren. Niets meer. Maar vooral ook niets minder.

Voor het eerst sinds hij op deze schuit was gestapt had hij rust. De schipper is op de wal, 'een vriend bezoeken'. Die wel een vriendin zou zijn, dacht Van Bercke zo. En niet direct een vaste. Morgenochtend zou hij terugkomen. Tot die tijd lag de schouw een eind van de kade en kon niemand bij het touw. Behalve Van Bercke. Hij schurkte heen en weer onder zijn deken en sloot zijn ogen.

*

Ondanks de deken werd hij koud wakker. Boven de stad hing een grote maan, net twee nachten in het nieuwe kwartier. Hij knipperde even met zijn ogen. Was dat een vleermuis, dat zwarte silhouet tegen de hemel? Het vloog trager dan elke vleermuis die hij ooit had gezien. Het werd groter ook, steeds groter. Het scheerde over de daken, zwenkte rond de toren van de Sint-Martinus, zwiepte naar de haven en landde, tot grote ontsteltenis van Van Bercke, op het boeiboord van de schouw. Zijn schouw. De gestalte vouwde zijn vleugels op, het maanlicht viel op zijn zwarte voorhoofd, op de donkere hoorns die uit het onzedelijk krullende haar staken. Achter hem verrees een gepunte staart.

'Geef mij,' zei de duivel, want dat was het. Een incubus of een succubus, dat kon Van Bercke niet zo snel zien. 'Geef mij Sint Jan,' bulderde de stem en rood licht glansde langs zijn wijzende arm. Zijn naar het vat wijzende arm.

Schreeuwend werd Van Bercke wakker. De zon was net boven de waterpoort gestegen. Er was geen duivel, hij had gedroomd, hij had een nachtmerrie gehad en op de kade stond de schipper te roepen dat hij het touw moest gooien. Van Bercke liet zich achterovervallen. Zijn angst loste op in het zonlicht. Maar een restje bleef hangen.

*

Zonder problemen verlieten ze Emmerich, door de waterpoort. Op de kades was het een drukte van belang en op de rivier voeren meer scheepjes dan ze gisteren de hele dag bijelkaar hadden gezien. 'Ik heb informatie ingewonnen,' zei de schipper. 'Er is woede tussen Habsburg en Gelre, als zo vaak. Kleve houdt zich nog rustig maar dat kan zo omslaan. Die azen op Kalkar en zullen Gelre dus steunen. We moeten voorzichtig zijn.' 'En Brabant?' 'Zal een hemd de rok bestoken?' schamperde de schipper. 'Filips is de kleinzoon van Maximiliaan. Hij steunt de familie, maar niet openlijk.'

Dat betekent dat Nijmegen, Dudenwerth en Tiel hem vijandig gezind zouden zijn. Pas na het Voornse gat kon hij voor zijn afkomst uitkomen.

'Hoe is mijn Hollands accent?' De schipper lachtte. 'Nog iets arroganter, dan zal het wel gaan.'

Een aak op weg naar Kampen voer een eindje met hen op. Ze wisselden nieuwtjes uit maar hoorden niets dat ze nog niet wisten. 'Zag u ze kijken?' vroeg de schipper. 'Het is misschien beter om de ton af te dekken met de deken.' 'Dan kijken ze naar de deken,' zei Van Bercke schouderophalend. De bezoeking van die nacht had zijn angst afgestompt, het was nu niet meer dan een kiezel op zijn ziel.

✻

Steeds wijder werd de rivier. Hij stroomde in enorme bochten door weelderig land, waar kudden koeien graasden en op sommige weiden de eerste hooioogst stond te drogen.

Nu Van Bercke ontspannen was leek de schipper zijn zorgen over te nemen. Hij stond bij het roer, waar hij eerder zat, en staarde over het water als een gealarmeerde generaal. Toch was er niets verontrustends te zien. Nijmegen naderde, de grote stad waar Karel van Gelre zo op leunde. Maar van oorlog bleek niets, de kaden waren rustig en ze passeerden zonder op te vallen. Ook Tiel gleed voorbij.

Nu fleurde de schipper wat op. 'Hier ben ik geboren,' zei hij. 'Op de schuit van mijn vader. Een smak was dat, uit Bommel. Vanaf mijn geboorte weet ik niets anders dan varen, ik ken hier iedere sloot.' Van Bercke knikte. Hij had geen betere schipper kunnen treffen, Vader Aurelius had een goede keuze gemaakt.

Toen het Voornse Gat in zicht kwam steeg de spanning. Al eeuwen streden Gelre en Brabant om dit driedijkenpunt, de eerste en beste oversteek van Waal naar Maas. Om hun pretenties kracht bij te zetten bezetten zij om beurten de punt, waar een kampement was belegd. De ene keer zaten de Brabanders in die vesting, de andere keer waren het de Geldersen. Met hun schermutselingen bezorgden ze de scheepvaart een hoop last. Geen wonder dat velen liever verder voeren en het Gat van Heerwaarden namen, maar dat lag dichter bij Bommel en dat risico wilde Van Bercke niet nemen. De schipper was het met hem eens. 'Stel je voor,' zei hij. 'Net op de valreep.'

Weer was Onze lieve heer met hen. Uit het kampement staken wat vaantjes, van welke partij was onduidelijk, maar de wacht op de dijk sliep of lette niet op. Als muizen in de kelder gleden ze met de stroom onderlangs de verste dijk.
Het leek warempel of ze het zullen halen. Van Bercke rekte zich uit en liep van zeeg naar boeg en weer terug. Aan zijn rechterhand was het nog Gelre, maar links lag Brabant. Hij kon het ruiken.

'Hoe is mijn Hollands accent?' De schipper lachtte. 'Nog iets arroganter, dan zal het wel gaan.'

De komst van het scheepje was opgemerkt, want toen de schipper voor het laatst deze reis het touw om een meerpaaltje wierp, stonden zijn vrienden op de kade. Ook de provoost en zelfs de waard van de Grote Engel waren erbij. Ze stonden te wachtten tot hij op de keien stond en vielen hem toen om de hals. Juichende kreten klonken, ze sloegen hem op de schouders en schudden zijn handen.

Vier potige kerels betraden de schouw en hesen het vat met moeite de kade op, op een gereedstaande handkar. Met de kar voorop ging de tocht naar de Markt, waar de waard zijn kelderdeuren opende en het vat in de koele ruimte werd getakeld. Ze volgden alle, ze wilden het vat niet in de steek laten. Snel stak de waard een spanjolet in het spongat en hevelde de wijn over in een leeg gat. Toen legde hij de beitel aan het deksel. De schipper, die zich ongemerkt bij het gezelschap had aangesloten, keek gespannen toe. Krakend week het hout, restjes wijn spatten in het rond. De provoost schoot toe en hielp de waard het binnenste kistje tevoorschijn te halen. Twee klappen. Van achter versplinterd hout kwam stro tevoorschijn, daarachter weer glinsterde metaal.

Voor de ogen van de verbaasde schipper verscheen een kniehoog, zilveren beeld van een prekende man.

'Sint Jan,' zei de provoost tevreden. Van Bercke had zichzelf inmiddels een grote beker rijnwijn ingeschonken. Wijn waar drie dagen een heilige in heeft gelegen moet wel lekker zijn.

Kruidenwijn

Drukker Meester Thomas van der Noot uit Brussel laat in 1514 een boekje verschijnen: 'Een notabel boecxken van cokeryen'. Met een keur aan recepten, onder meer voor twee bekende en geliefde kruidendranken: clareyt en hypocras. Voor die dranken heb je flinke hoeveelheden kostbare specerijen nodig, maar dan kun je je gasten ook goed ontvangen. Bij de wafels en zoetigheden aan het eind van een feestelijke maaltijd hoort namelijk een glas kruidenwijn. Want dat is 'goed voor de maag.'

Kruidenwijnen haal je in de vijftiende eeuw meestal bij de apotheek. Die kent de juiste doseringen, dus dan gebeuren er geen ongelukken. In Duitsland heten dergelijke wijnen dan ook soms *Apothekerweine*. Maar met dit nieuwe receptenboekje kun je ze ook zelf maken!

Wat is nu precies het verschil tussen clareyt en hypocras? De recepten van Thomas van der Noot lijken sterk op elkaar en dat geldt ook voor andere overgeleverde recepten. Er zit suiker of honing in als zoetstof en dezelfde specerijen: kaneel, kruidnagelen, gember, galanga en peper. De basis is wijn. Liefst zoete, zoals de *Romenie*, oorspronkelijk uit Griekenland en nagemaakt in Spanje. Of de *bastaert*, waarvan tegenwoordig niemand meer precies weet waar die vandaan komt. Maar ook droge, zuurdere wijnen kunnen. Zoals de witte *Petau*, uit Poitou, aangevoerd via de ommuurde havenstad La Rochelle in Frankrijk. Zelfs de beroemde rijnwijnen kunnen, maar daar zal een goede huisvrouw – of ondernemer – een stokje voor gestoken hebben. Zonde om dat kostbare vocht te gebruiken. De specerijen overheersen toch.

Wijnproeven in 's-Hertogenbosch

Als Jheronimus Bosch in 1488/89 de gezworen broeders van de Illustere Lieve Vrouwe Broederschap te gast heeft, worden het rundvlees, de wortelen en specerijen weggespoeld met wijn. Wijn, samen met bier, is een aanzienlijke kostenpost voor de organisator van het festijn.

Wijn bij de maaltijd is in de late middeleeuwen de normaalste zaak van de wereld – voor mensen met wat meer geld in de beurs. Welke wijn, dat vertellen de rekeningen vaak niet. Grote kans dat die uit het Rijnland komt. De witte, droge tot lichtzoete wijn van de hellingen van Rijn en Moezel is dan al eeuwen een gewild product en zal dat nog eeuwen blijven. Dankzij de goede verbindingen over water en land en de activiteiten van de Bossche kooplieden in belangrijke wijnhandelscentra als Keulen bereikt de rijnwijn de stad.

Daarnaast is in 's-Hertogenbosch ook wijn uit het westen van Frankrijk te vinden. Wit en rood, uit Poitou, het Loire-gebied en Gascogne, vinden hun weg via Middelburg en Antwerpen naar de bekers van de Bosschenaren. Soms samen met ladingen Franse wede, een blauwe kleurstof voor de beroemde lakenindustrie in de stad. Deze 'westerse' wijnen zijn goedkoper dan de rijnwijn en voor meer mensen bereikbaar.

Van de Middellandse Zeekust komen zoete wijnen als *malvesye* en *romanie*, meestal duurder dan rijnwijn. Deze wijnen bereiken Brabant rond 1500 via Middelburg, dat in die tijd de rol van Brugge als invoerhaven overneemt. De grootste afnemer is de metropool Antwerpen, maar ook de vele geestelijken en kooplieden in Den Bosch zijn een goede afzetmarkt.

Uit Beaune komt de beroemde Pinot Noir. De hertogen van Bourgondië bemoeien zich persoonlijk met het handhaven van de kwaliteit. Ook in 's-Hertogenbosch, als stad in het hertogdom Brabant onderdeel van het Bourgondische rijk, wordt deze dure wijnsoort op waarde geschat.

Het goedkoopst zijn de lokale Brabantse wijnen, uit Leuven en omgeving. Maar al aan het eind van de vijftiende eeuw krimpt de markt en daarmee de productie van deze zure drankjes. Het weer was nogal grillig in het laatste kwart van deze eeuw, met soms bloedhete zomers en ijzige winters waarin zelfs de Rijn, Maas, Dommel en Aa bevriezen.

Een eeuw eerder, rond 1400, is het klimaat geschikter. De stadsrekeningen uit die tijd suggereren dat er zelfs in de hof achter het Bossche stadhuis wijnstokken groeien die zorgvuldig langs een latwerk werden geleid. Maar of daar wijn van is gemaakt, is niet bekend.

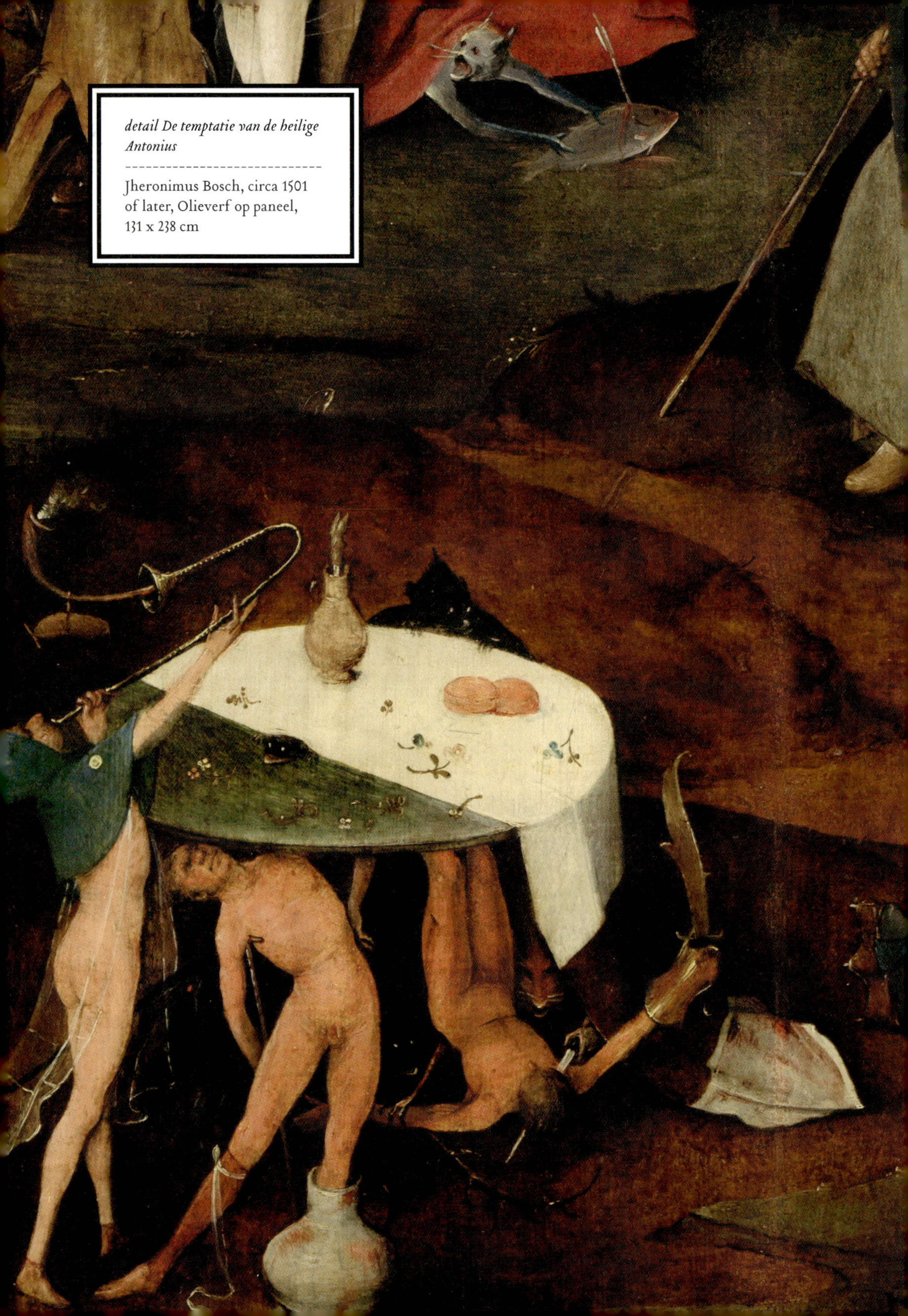

detail De temptatie van de heilige Antonius

Jheronimus Bosch, circa 1501 of later, Olieverf op paneel, 131 x 238 cm

WIJNSAUS VOOR GEROOSTERD LAMS- OF KALFSVLEES

Om een wijnsuypen tot calfvleessche oft lamvleessche.

Men sal nemen eenen deel doderen van rouwen eyeren ende dye sal men met luttelle bloemen breken wel ontwee ende met luttel wijns. Alst aldus wel ghetempert es, soe sal ment lynghen met wijne ende met verjuyse, met oock wat van den maghersten sope, nadat ghijs veel hebben wilt, ende latent wel sieden. Dan sal men tvleesch daerinne doen ende latent mitsieden, maer seer weynich.

Bron: Notabel Boexcken

Om een wijnsaus te maken bij kalfsvlees of lamsvlees Men neme een deel verse eidooiers en klopt die los met een beetje bloem en een scheut wijn. Als het goed gemengd is, moet men het aanlengen met wijn en verjus en ook wat heel magere bouillon, afhankelijk van hoeveel je wilt maken. Laat het koken. Doe dan het vlees erin en laat het – heel kort – even meestoven.

Clareyt

Om te maken finen gheluwen clareyt.

Neempt een half pinte Vleemsschen zeem ende een vierendeel waters. Dit sal men sieden overeen. Oock so sal ment wel schuymen. Alst wel ghesoden es, so doeghet van den viere. Dan neemt caneel, wytten ghimbere, elcx een halve onche, groffelsnaghelen, greyne, elckx twee dragina, notenmuscaten, ghaligaen, sofferaen, elckx een dragina, lanckpepere een schorpele. Maeckt hieraf poedere ende doeghet in een quaerte wit wijns ende mynghelt dyt al tesamen in den wijn ende in dat zeem voerseyt. Dit ghedaen sijnde, so gietet duer den acht oft negen werven totdat claer genoech es. Maer den sack moet boven wel ghedect sijn, dat dye locht niet uut en sla ende dat vat datter ondere staet moet oock wel ghedect sijn, dat die locht nyet uute en sla. Ghi sult oock weten dat wijn bastairt oft Romenie es beter daertoe dan anderen wijn. Item men sal weten dat rooden wijn van Spaengnien, die men seyt tentuere, es goet boven alle anderen winen. Item men sal weten dat alle clareyten sijn beter van eenen dage out dan jonghere.

Gele clareyt

Neem een halve pint Vlaamse honing en een kwart water. Kook dit samen en schuim het goed af. Als het goed gekookt heeft, deel je de hoeveelheid in vieren. Neem dan kaneel en witte gember, van elk een half ons, kruidnagelen, kardemom greyn = grain de paradis?, elk twee dragma (circa 7,8 gram), nootmuskaat, galanga, saffraan, elk een dragina (3,9 gram), lange peper, een scrupel (1,2 gram). Maak hiervan poeder en doe dat in een kwart witte wijn. Meng dat met de rest van de wijn en de honing. Giet het mengsel hierna door een filterzak, acht of negen keer totdat de wijn helder genoeg is. De zak moet aan de bovenkant dicht zijn, zodat de lucht er niet uit ontsnapt. Ook het vat dat eronder staat moet goed afgedekt zijn, zodat de lucht er niet uit ontsnapt. Weet ook dat bastairt of Romenie beter gebruikt kan worden dan andere soorten. Rode wijn uit Spanje, ook wel tentuere genoemd, is de allerbeste. En tot slot: clareyt die een dag oud is smaakt beter dan verse clareyt.

D MEISKEN METTEN SCONEN VLECHTKEN
(Brabants, 14de eeuw)

Alte scone vlechtken
Het hevet die lippen ende d'anschyn
Roeder dan die rose mach syn
Ende die hande smal ende lang
Hare tande wit met yvore gemanct
Si heeft haar lyf wit als een sneeu
Haar oghen berren als een leeu

...

Ende si ies in die siden smal
Haer borstken ronder dan een bal
Haer kinnekijn diep
als een grechtken

...

Het es brun te selker steden
Onder die oxxelen ende beneden
Bruun hevet de wijnbrauwen met
Het hevet een puttekyn
Aan den lichaeme
Dorts ic't noemen sonder blame
Ende sonder hare ench verwet
Te hebbene, ic soude noemen dlet
Bruun es des kindekens
Ghemechtken

HET MEISJE MET DE SCHONE VLECHTEN

Beeldschone vlechtjes
Heeft het altijd propere wichtje
Ze heeft lippen en een aanschijn
Roder dan rozen maar kunnen zijn
Haar handen zijn smal en lang
Haar tanden wit met ivoor gemaakt
Haar lichaam is wit als sneeuw
Haar ogen glanzen als van een leeuw

...

Haar taille rank, haar leest is smal,
haar borstjes ronder dan een bal
Haar kinnetje is fraai gekloofd

...

Bruin is ze op zulke plaatsen beide
Onder de oksels en aan de onderzijde
Bruin kleuren haar wenkbrauwen, ook
heeft zij een kuiltje
aan haar lichaam, onder haar
rokkenval
Als ik het zonder schaamte durfde
noemen
en zonder dat zij het mij verwijten zal
zou ik dat als het mooiste roemen
Bruin is het kind haar warme dal

DE VERLEIDSTER, CARMINA BURANA

Kramer, geef me rode kleur
Tover op mijn wangen bellefleur
Zodat jongemannen mij willen
beminnen
Of ze willen of niet
Kijk naar me, jongens
Laat me je behagen,
Geef je liefde, deugdzame mannen,
aan lieflijke vrouwen
Liefde verblijdt het hart en laat je
in hoge eer schitteren
Kijk naar me, jongens
En laat me je behagen.
Ik wens je het beste, Wereld, je bent
zo rijk aan vreugden
Ik zal altijd je dienaar zijn
vanwege je rijkdom
Kijk naar me jongens,
Laat me je behagen.

11

DE EERSTE ZWANEN VAN HET JAAR

–

Recept:
APPELMOES

'Raapstelen,' zei Lambert. 'De eerste van het jaar.' 'Jij bent altijd de eerste,' aldus de kok. 'Hoe doe je dat toch? Duivelswerk, dat is 't.' Lambert grijnsde ongemakkelijk. 'Vakwerk,' vond Hilleke. 'Geen duivelswerk. Dat kan niemand beter dan Lambert.'

UIT HET

duister van de kelder kwam ze tevoorschijn, snel als een dier. Haar wangen waren even gerimpeld als de appels in haar mandje. Kooplieden negeerden haar of zagen haar simpelweg niet; ze was vertrouwd als het plaveisel en de lucht van de beertonnen. Met kleine passen stevende Hilleke naar haar plaatsje naast Lambert de warmoezenier, zette de mand met appels neer, spreidde een bonte doek op de grond en ging erop zitten.

De zon was inmiddels boven de oostelijke bebouwing uitgekomen, de stralen verwarmden de selderij, de raapstelen en de warmoes. Kooplieden wreven hun handen en spraken wat luider. De zomer naderde, maar de nachten waren nog lang en de dagen koud.
''t Is koud,' zei Lambert en sloeg zijn handen in elkaar. Wasem kwam uit zijn grijze baard. 'Stief koud,' vond Hilleke.

11

DE EERSTE ZWANEN VAN HET JAAR
–
Recept: APPELMOES

Haar rode wangen kleurden heviger. 'Maar het is bijna voorjaar.' Lamberts baard was strak als het blad van een schep. 'Bijna.' Hilleke schikte de appels nog netter in het mandje.

De eerste kopers verschenen. Sommigen haastten zich, om de koude. Anderen maakten een praatje met hun vaste kooplieden. Vooral rond de Corte en de Lange Cameren was het druk. De Pasen naderde en de naaisters zochten het mooiste laken zodat hun dames op hun paasbest zouden zijn. Maar ook de vleeshouwers hadden klanten en voor de broden van Goyaart kwamen ze tot uit Schijndel.
Het gangetje van de warmoezeniers bleef rustig. Een enkele klant liep langzaam, keurend, langs de rimpelende kolen en de kleurende knollen. Alleen bij Lambert stond de kok van de familie De Rover stil. 'Raapstelen,' zei Lambert. 'De eerste van het jaar.' 'Jij bent altijd de eerste,' aldus de kok. 'Hoe doe je dat toch? Duivelswerk, dat is 't.' Lambert grijnsde ongemakkelijk. 'Vakwerk,' vond Hilleke. 'Geen duivelswerk. Dat kan niemand beter dan Lambert.' De kok monkelde wat en wierp een blik op haar gerimpelde appeltjes. 'Die vrucht had je eerder moeten plukken.' Nu was het de beurt aan Lambert om te kleuren.

Tegen de noen was ook de laatste klant verdwenen. Hilleke had niets verkocht. Ze stond op, vouwde haar doek weer op en nam haar mand. Lambert stond er ongemakkelijk bij. 'Als ik kan helpen,' zei hij. 'Je weet 't.' Zwijgend schudde ze haar hoofd. Ze nam haar mand en liep, onopgemerkt, tussen de kooplieden door, langs de Cameren, de put en de kramen, en verdween weer in haar kelder. Haar huisbaas, de schilder Jan van Aken, keek uit het raam maar merkte haar niet op. Allemaal schilders, die Van Akens. En de jongste noemde zich nu Bosch. Grappig dat iemand van naam wilde veranderen.
Hoog boven de stad klonk een nasaal roepen. De eerste zwanen van het jaar waren teruggekeerd uit het zuiden.

Allemaal schilders, die Van Akens. En de jongste noemde zich nu Bosch. Grappig dat iemand van naam wilde veranderen.

Appels

In ons land komt van oorsprong de wilde appel voor (malus *sylvestris*) en sinds de Romeinse tijd ook de cultuurappel (malus *domestica*). Met die appel nemen de Romeinen ook hun kennis van het vermeerderen en veredelen van fruitbomen mee naar de noordelijke provincies, waar bij de landbouwvilla's moestuinen en fruitgaarden worden aangelegd. Kennis die gekoesterd en bewaard blijft. Zodat in de zesde eeuw de medicus Anthimus aan het Frankische hof in Metz in zijn 'De observatione ciborum' kan schrijven dat "zoete appels, volledig gerijpt aan de boom, gezond zijn, maar zure appels niet geschikt. Voor gezonde én zieke mensen zijn zoete appelen goed." Daarmee sluit hij aan bij de Romeinse schrijver Martialis (eerste eeuw), die rijpe appels een prima afsluiting van de maaltijd vindt.

Karel de Grote heeft lange lijsten met instructies voor hoe hij zijn landgoederen ingericht en beheerd wil hebben: 'De Capitulare de Villis'. Hierin staat ook precies wat er aangeplant moet worden in de boomgaard. En kennelijk is Karel dol op appels, want deze staan bovenaan, van verschillende rassen: "Van de appelen willen wij verschillende soorten hebben, en wel: de Gozmaringer, de Geroldinger, de Crevedeller en de Speyerappel. Er moeten zoete en zure appelen aangeplant worden en bewaarappelen zowel als handappelen."
Nu kennen we nog wel een aantal oude appelrassen, maar verder dan de 17de eeuw gaan die niet terug. Oude, nog bekende rassen in Nederland zijn de Gravensteiner, het Syden Hempje en van nog weer wat later de Brabantse bellefleur.

Het eerste in het Duits geschreven kookboek is 'Das Buch von guter Spise' uit het midden van de 14de eeuw. Dit boek heeft al appelrecepten, net als het eerste kookboek in de Nederlandse taal: 'Een notabel boeckxen van cokerijen' uit 1514. In deze recepten combineert men de appels vaak met hersenen of long. Of met eieren, zodat je een soort soufflé krijgt.

APPELMOES

Neem appels en kook ze in water en zeef ze door een zeef in een pot, neem dan amandelmelk en honing en doe daar rijstbloem in, saffraan en sterk poeder en een beetje zout en doe dat alles in de pot en laat het koken en roer het goed en laat het staan.

Bron: Forme of Cury

NODIG:
1 pond zure appels, bodempje water, 1 dl amandelmelk, 2 eetlepels honing, vier eetlepels rijstbloem, 2 draadjes saffraan, ½ theelepel 'sterk poeder'* en een snuf zout.

BEREIDING:
Schil de appels, vierendeel ze, verwijder eventuele bruine plekken en kook de stukken appel in een bodempje water op laag vuur tot moes. Wrijf de massa door een zeef in een kom.

Roer de rijstbloem met een beetje amandelmelk tot een papje zonder klonten. Doe de rest van de amandelmelk in een pan, samen met de honing, het rijstbloempapje, de saffraan, het sterke poeder en de snuf zout. Breng dat al roerend aan de kook en zet het vuur laag. Roer de gezeefde appelmoes erdoor en breng nog een keer tegen de kook. Dien warm of koud op.

Tip: neem in plaats van de specerijen, de rijstbloem en de honing een flink stuk *liefkoeken* (kruidkoek recept XX) en kook dit samen met de appels fijn. Dan lijkt het op het recept voor Appelmoes voor de Vasten uit het Gentse manuscript UB 476.

** Sterk poeder of poudre fort : stamp 1 mespunt gemalen gember, 2 mespunten kaneelpoeder, 4 eetlepels peperkorrels en een snuf suiker fijn. Goed mengen. Zie ook Specerijenmengsels op pagina 79.*

12

DE KRUIDEN-ZOEKSTER

–

Recept:
LENTE-UITJESSOEP EN
WITTE BROODBOLLETJES

'Naar huis? We kunnen niet naar huis, meisje, niet zonder lievenheersteentjes en engelkruid. Het is bijna volle maan!'

'KOM hier Agnes, kom hier en kijk. Dat zijn nu die Geldersen, die verdoemde Geldersen voor de poort. Net nu de lijsterbes rijpt en de dolappel moet worden geoogst – maar daar moeten we nu niet over praten, niet als de mannen het horen kunnen. Kijk Agnes, dat is de aanvoerder: Van Meurs, een bastaard. Dat zijn roede mag verschrompelen en afvallen! Dat zijn vrouwe dor moge blijven als de nonnen van de refugie! Dat hij zijn mannen naar Arnhem zendt met hun gele vlaggen en hun gebrul en hun gelazer! Dat ze hun eigen stad belegeren! Heer Van Vladeracken kan niet wachten, de min heeft haar melkwortel nodig, de barbier vraagt om hoestblad. Levenszaken!
Wat dat zijn? Je moet nog veel leren, kindje. Dat zijn de beginselen van het vak. Ja, je bent er om te leren, dat is waar. En het is niet verkeerd om vragen te stellen maar doe het niet te vaak.'

'Naar huis? We kunnen niet naar huis, meisje, niet zonder lievenheersteentjes en engelkruid. Het is bijna volle maan! Leer dat maar meteen: met volle maan zijn de krachten op hun sterkst. Dan moet je ze oogsten, de koortswortel en de hemelladder. Jawel, midden in de maand kan ook, maar dan is de kracht eraf.

Ja, de poort is gesloten, natuurlijk is de poort gesloten. Wat als die krompels, die geddeberen, de straten binnendringen en onze mannen doden, de vrouwen verkrachten en de kinderen...? Of jou, met je leuke toetje en je lange vlechten? Het had maar een haar gescheeld, hoorde ik. Ze waren al binnen, tot de tweede muur waren ze al gekomen. Heel de stad in paniek. Geldersen! Geldersen! De wachter riep het van de toren, schreeuwde het tot ze 't in Orthen horen konden. Geldersen! Maar denk je dat de mannen zich wapenden, dat ze toe kwamen snellen om de stad te beschermen? Om ons te beschermen? Welnee, ze doken in de kelders en verstopten zich op de zolders. Ik heb gehoord dat Tilman zich een tonsuur heeft geschoren in de hoop gespaard te blijven. Heb jij dat ook gehoord? Mannen!

Dit verdoemde Geldersen! Kijk ze lachen, zie ze hun vuisten schudden. Midden op het hoestblad staan ze! Maar wat weten ze ervan, die schobbejakken met hersens van varkens, bokken met een hoorn in hun broek! Hoestblad is voor kneuzingen, kind, onthoud dat. En tegen hoesten. Verse bladen wrijf je en leg je op de kneuzing. Tegen hoest moet je het op houtskool leggen en de rook inademen. Maar engelkruid is nog beter, dat helpt zelfs tegen de pest.'

*

'Wat zegt de wachter? Dat het snel vrede zal zijn? Dat heer Maximiliaan zijn steun heeft toegezegd? Wat deden die mannen van de koning, die grote heren van Van Brunswijk die altijd zo mooi rondreden in hun glimmende kurassen? Waar waren zij toen de vijand binnendrong? Nergens waren ze! En nu moet het beter gaan? Als je moet wachten op de hulp van de grote heren, dan kan het lang duren.

Niet kijken nu, niet meteen. Zie je die vrouw met die kaproen? Ken je haar? Margarethe Botgat heet ze, en zij heeft ons verraden. Dat weet iedereen. Ze heeft brieven gebracht naar de Geldersen in Bommel, dat heeft de veerschipper zelf verteld, hij heeft haar gezien met een afgezant van Karel. Dan weet je het wel. Waarom doet de schout niets?'

Maar ik weet dingen van haar, Agnes, die niemand anders weet. Ik zal ze je vertellen, later, als je mijn plaats hebt ingenomen. Zwarte dingen zijn ze, de geheimen die adelszaken betreffen.

'En kijk, daar is vrouwe De Rover. Heel de stad komt kijken naar het ontuig. Ze houdt haar neus in de lucht, typische adel, en ze doet of ze mij niet ziet. Maar ik weet dingen van haar, Agnes, die niemand anders weet. Ik zal ze je vertellen, later, als je mijn plaats hebt ingenomen. Zwarte dingen zijn ze, de geheimen die adelszaken betreffen. Nee, ik zeg niets! Nou vooruit, kom hier met je oor, ik zal het fluisteren: ze heeft een bastaard weg laten halen. Daar moet je niet van schrikken. Die adellijke dames, die lusten er wel pap van. Duivelsbrood heeft ze ervoor gebruikt, een snipper maar, je moet weten wat je doet. Zij kende iemand die dat wist en die ken jij ook. Natuurlijk, hoe denk je anders dat ik het wist? Waarop Heer Van Vladeracken wacht? Kind, hoe weet je dat? Ik, heb ik dat gezegd? Vergeet het maar, er zijn zaken die je nog niet moet weten. Dat vertel ik je later, later zeg ik. Leer liever iets. Zie je die rode pluimen bij het water? Dondertorens zijn dat. Als het onweert moet je ze op het vuur gooien, dan wordt je huis van brand gespaard. Nee, dat heeft bij de molens niet geholpen, daar heb je gelijk in, daar hebben die Geldersen de fik in hebben gestoken. Daar helpt geen dondertoren tegen.'

'Naar huis? Nee, kindje, we kunnen niet naar huis. Ik weet dat het koud is en straks gaat het misschien regenen, maar Heer Van Vladeracken rekent op ons. Zo is dat met ons, mensen rekenen op ons en dat doen ze met recht. Uitstellen? Dat kan niet, liefje. Lievenheersteentjes bloeien twee keer 's jaars, in mei en nu. Overmorgen kan het al weg zijn. Ja, Heer Vladeracken heeft het nodig maar dat zou ik je later pas vertellen, veel later. Waarom nu niet? Waarom nu niet. Omdat we toch aan het wachten zijn, bedoel je? Omdat je het toch moet weten? Nou vooruit, omdat het de eerste keer is, een tipje van de sluier. Lievenheersteentjes heten ook wel guichelheil. Wat heil is weet je, en guichel? Kom hier met je oortje, dit hoeft niemand te weten. Guichel betekent dolheid. Dus wat denk je dat heer Vladeracken heeft?'

Dondertorens: wilgenroosjes
Engelkruid: engelwortel
Koortswortel: valeriaan
Lievenheersteentjes: guichelheil
Melkwortel: wortel van de bosanemoon die, in melk gekookt, met vlees gegeten werd en 'de Minnen melk in overvloed doet komen.'

De humeurenleer

Eten en gezondheid, de mens heeft die twee altijd met elkaar in verband gebracht. In de tijd van Jeroen Bosch denkt men dat de humeuren de gezondheid bepalen. En voedsel kan de kwalijke eigenschappen van die humeuren compenseren. Voedsel zelf heeft ook een humeur en de bereiding maakt het geschikt of ongeschikt.

Volgens de humeurenleer bestaat het universum uit vier elementen: aarde, water, lucht en vuur. Deze elementen corresponderen met vier temperamenten of gemoedstoestanden, vier levenssappen en vier eigenschappen. Bij een gezond mens zijn deze allemaal in harmonie.

Aarde is koud en droog, water is koud en nat, lucht is heet en nat, vuur is heet en droog. Deze eigenschappen herken je in het temperament van een mens: iemand kan melancholisch zijn, flegmatisch, warmbloedig of cholerisch. En dit correspondeert weer met respectievelijk zwarte gal, slijm, bloed en gele gal. Het evenwicht, de harmonie, kun je beïnvloeden door wat je eet, in welke volgorde en in welke combinatie. Zo kun je voorkomen dat één temperament overheerst zorg je dat je van alles een beetje bent. Dus in balans en gezond. Of zoals de dokter in die tijd zegt: je hebt zes dingen nodig om gezond te blijven*. Ten eerste lucht, dat het hart betreft. Ten tweede het juiste gebruik van eten en drinken. Ten derde beweging, afgewisseld met rust. Ten vierde slaap, niet te veel, maar zeker niet te weinig; slaapgebrek is heel ongezond. Ten vijfde het juist omgaan met en in balans houden van de humeuren. En ten zesde een levensstijl waarin vreugde, kwaadheid, angst en zorgen gematigd beleefd worden. Oftewel: wind je niet te veel op.

De hertogen van Bourgondië hebben in de 14de eeuw maar liefst zes lijfartsen die tijdens de maaltijd voortdurend waken en adviseren. Beetje een driftkikker? Eet maar een lekker visje, dat is koud en nat! Beetje flegmatisch aangelegd? Neem dan vooral warme en droge gerechten.

Koks compenseren met sauzen en smaakmakers het temperament van het hoofdbestanddeel van de maaltijd. Zo maken ze droog rundvlees bijvoorbeeld vochtiger met knoflooksaus. Peper is heet en droog en dat gebruik je dan weer om koude en natte gerechten als vis in balans te brengen. Koken was een hele wetenschap.

**Vrij naar de* Tacuinum Sanitatis in Medicina *uit de laatste decennia van de 14de eeuw, dat teruggrijpt op medische wijsheid uit een Arabisch geschrift uit de 12de eeuw.*

Kruiden

In de tuinen van kloosters, landgoederen en boerenhoeven staan veel kruiden. Peterselie, selderij, munt en bonenkruid – een geurig geheel.

Kervel *Anthriscus cerefolium*

Nieuw in de middeleeuwen is de zaaikervel, uit Zuid-Rusland en westelijk Azië meegenomen door de Romeinen. De Roomse kervel is al bekend, met zijn anijsachtige geur. En het aftreksel van de dolle kervel zit al eeuwenlang in de gifbeker... De frisse groene kleine blaadjes van de zaaikervel worden al heel snel populair. Om rauw te eten of voor in 'zoetig' bakwerk als kerveltaart en kervelkoekjes.

De 'Verstandige Hovenier' adviseert in de 17de eeuw:

Kervel begeert goed bemeste en vochtige aarde. Zaai je in februari, maart of april, dan schieten de plantjes snel zaad. Maar zaai je in het najaar, dan heb je er de hele winter profijt van. Tegenwoordig is kervel een normaal moestuinkruid en wordt het in veel spijzen gebruikt, die er een aangename smaak van krijgen en goed zijn voor de maag.

Dille *Anethum graveolens*

De naam dille is afgeleid van het oud-Noorse *dilla*, dat sussen betekent. Dille zou dan ook kalmerend werken op huilende baby's en de darmen. Ook zou het helpen tegen de hik, maagpijn stillen, slapeloosheid tegengaan en over allerlei magische krachten beschikken, waardoor het zeer geliefd was in allerhande drankjes als wapen tegen hekserij en ingrediënt voor liefdesdrankjes. Ridders leggen dillezaad op open wonden om het genezingsproces te versnellen.

Karwij *Carum carvi*

Karwij wordt al vanaf de Bronstijd in Europa aangeplant en gegeten. In Duitsland heet het Cumich of Kümmich (Kümmel > kummel) en sinds de 12de eeuw zo ook in de medische literatuur. Karwij wordt als tonicum voor meisjes die bleek zagen (volgens Dioscorides). Daarnaast zit het in allerlei soorten roggebrood, bakwerk en in zuurkool. De dikke penwortel kun je trouwens ook eten: goed tegen winderigheid.

Peterselie *Petroselinum crispum*

Waarschijnlijk het meest gebruikte keukenkruid ooit, aangenaam voor de maag. In de middeleeuwen hangt er allerlei bijgeloof aan de plant. Het verplanten van peterselie zou de tuinman ongeluk brengen. En wie een bittere vijand uit de weg wilt ruimen, hoeft alleen maar een stengel peterselie te plukken terwijl hij de naam van de vijand fluistert. Gegarandeerd resultaat binnen 48 uur.

Selderij *Apium graveolens*

Zowel blad, stengel, wortel (of knol) als zaad van de selderij worden gebruikt in de keuken. Selderij is al bekend bij de Egyptenaren, Grieken en Romeinen, maar dan vooral om – net als peterselie – kransen mee te maken.

Venkel *Foeniculum vulgare*

Zowel het loof als de zaadjes van de venkel worden gebruikt en van de kweekversie de knol. In de middeleeuwen hangt men venkel boven de staldeur om boze geesten te verdrijven. De uiers van de koeien werden met venkelpasta ingesmeerd om te zorgen dat de melk niet behekst zou worden. Vanaf de 9de eeuw wordt venkel gebruikt tegen hoest, kiespijn, astma, reumatiek, oorpijn en als afslankmiddel, spijsverteringbevorderaar, plasmiddel en tegen winderigheid.

LENTE-UITJESSOEP

Chebolace

Neem uien en kruiden en bak ze fijn endoe ze in de pot met bouillon en handel zoals je dat met kool zou doen, en als het een visdag is, maak je het op dezelfde manier met water en olie en als het geen vastendag is dan bind je het met eidooiers en je dist het op met zoete poeder.

Uit: The Forme of Cury, 14de eeuw.

NODIG:
2 bosjes lente-uitjes, enkele handjes wilde spinazie, peterselie, kervel, waterkers, zuring, look-zonder-look, tuinmelde en wat er zoal nog meer in het seizoen is, 1 liter bouillon (kip, groente of lam), naar smaak vers gestampte kaneel, koriander, (meleguette)peper en zout (of neem het recept voor fijn poeder van pagina 79) en 2 eidooiers.

BEREIDING:
Was alle groente goed en snijd alles heel fijn. Houd wat groen van de lente-uitjes achter. Breng de bouillon aan de kook en doe het groen erbij. Doe de soep in een blender. Zeef en doe terug in de pan. Breng de soep op smaak met kaneel, koriander, peper en zout en voeg op het laatst de eidooiers toe. Dien op met zuurdesembrood en wat fijngesnipperd groen van de lente-uitjes.

Witte broodbolletjes

Op veel middeleeuwse schilderijen zie je dat op tafel, bij iedere aanzittende naast het bord, een wit broodbolletje ligt. Wit brood – hoe witter hoe beter – was chic.

NODIG:
100 ml melk, 1 theelepel gedroogde gist, 60 gram rietsuiker, 400 gram bloem, 75 gram boter, ¼ theelepel specerijenmengsel (gember, nootmuskaat, kaneel, koriander en peper), 1 theelepel zout, 1 eiwit en 1 eetlepel anijs- of karwijzaad.

BEREIDING:
Verwarm de melk tot lauw. Meng er een eetlepel van de suiker door en de gist. Laat een kwartiertje staan tot de gist gaat werken. Meng de bloem met de boter, specerijen, resterende suiker en het zout. Voeg de lauwe melk-met-gist-oplossing en het eiwit toe. Kneed goed, met de hand of in de keukenmachine. Laat het deeg rijzen onder een theedoek, op een warme plek.

Verwarm de oven voor tot 200°C (een heteluchtoven tot 190°C). Kneed het deeg na de eerste rijs nog een keer door en verdeel het in 25 bolletjes. Strooi er anijs- of karwijzaad over en leg de bolletjes in een bakblik. Doe de broodjes, samen met een bakje kokend water voor de knapperigheid, in de oven en bak ze in 20 minuten bruin.

Kruidige salade

Salade

Neem peterselie, salie, kno6ook, lente-uitjes, uien, prei, komkommerkruid, munt, kleine preitjes, venkel, rozemarijn en postelein. Spoel het allemaal goed af laat het uitlekken en pluk klein met je handen en meng goed met extra vergine olie en doe er wat azijn en zout bij en dis het op.

Uit: The Forme of Cury, 14de eeuw.

13

DE KOMST VAN DE KEIZER

–

Recept:
PASTEI MET KONIJN

Lang duurde het wachten en het was heet, in juli. Maar niemand werd ongeduldig, niemand klaagde. Toen zag de poortwachter aan de kant van Vught beweging. De stoet van Karel kwam eraan! Alle bazuinen schalden! Het moest tot in Breda te horen zijn geweest.

LANG geleden zag hij Keizer Karel. Toen die voor zijn Blijde Incomste naar de stad kwam. Zelf was hij negen, hij woonde in het gangetje van de Markt naar de Begijnhof. Het stonk er verschrikkelijk, door de looiers in de straat.

Overal was het feest. Banieren hingen van de huizen, er was kermis op de markt en de klokken van de stad beierden de hele dag. Het was ook niet niks: de keizer, de grootste koning van de wereld, kwam op bezoek. In zijn rijk ging de zon ooit onder. Van de Paus had hij de nieuwe wereld gekregen, waar gebraden vogels rondvlogen en het goud op straat lag. *El Dorado*, noemden ze dat, de stad waar zelfs de muren van goud waren. Een paar vriendjes maakten wilde plannen om dat uit gaan zoeken, Gijsje de Looijer was een van hen. Maar ze zijn nooit vertrokken. Hoe moesten ze daar komen? Alleen zeelieden en soldenaers konden de zee over.

Maar zo dachten ze nog niet, die dag dat Karel kwam. Ze waren vroeg wakker geworden, ze verwachtten nogal wat. Een keizer, dat moest een reus zijn met een zwaard als een toren en een paard als het stadhuis. Uren te vroeg waren ze en ze waren niet de enigen. Heel de stad was naar de Pickepoort gekomen, in

detail De Hooiwagen

Jheronimus Bosch
1485-1490, Olieverf op paneel,
135 × 100 cm

13

pronkkledij en juichstemming. De gilden stonden langs de weg opgesteld in blauwe tabbaards of rode boezeroen, de schutters hielden hun kruisbogen en hellebaarden klaar, op platte karren wachtten de spelers tot de Keizer komen zou. Ach, hij was nog geen keizer toen, maar wat maakte het uit. Hij heerste over hen, hij was de kleinzoon van de keizer. Ze keken niet zo nauw.

Heel lang duurde het wachten. Ze bleven binnen de muren, net als de gewone burgers. Er waren venters, buitenlanders met grote vruchten, groenig en geel, die niemand van hen kende. *Melone*, zeiden ze. Vader had hen twee penningen gegeven waarmee ze stukken kochten, ieder een. Zoiets zoets, zoiets sappigs hadden ze nog nooit geproefd. Het was voor het eerst dat hij zo'n vrucht zag en het zou nog heel lang duren voordat hij ze weer zag. Alleen Gijsje zei dat hij al eerder zoiets gegeten had. Maar ja. Ze wisten wie het zei.

Lang duurde het wachten en het was heet, in juli. Maar niemand werd ongeduldig, niemand klaagde. Toen zag de poortwachter aan de kant van Vught beweging. De stoet van Karel kwam eraan! Alle bazuinen schalden! Het moest tot in Breda te horen zijn geweest.

Nog steeds konden ze niets zien, maar toen ging de poort open en kwamen de eerste ridders te paard de doorgang door. Wat glommen hun harnassen in de zon! Grote koetsen kwamen erachteraan, vol schitterend volk, de pluimen op de paarden wuifden fier. Volgens Gijsje had zijn vader ook zo'n pluim, maar wij konden hem niet vinden tussen de leden van het looiersgilde, dus moest hij erover zwijgen. Daarna kwam de Keizer. Ze hadden een enorme man verwacht, een reus, maar hij was van gewone afmetingen. En jong, bijna even jong als zij. Trots zat hij op zijn paard, als een jonge god. Ze wisten, en hij wist het ook, dat de wereld aan zijn voeten lag.

Hij wuifde, speciaal naar hen leek het wel, en verdween in de richting van de Markt. Daar zou hij de eed afleggen om onze vrijheid te beschermen en de Heren zouden de eed afleggen om hem te gehoorzamen en zijn bedes in acht te nemen. Maar daar konden de jongens niet bij zijn.

Een keizer, dat moest een reus zijn met een zwaard als een toren en een paard als het stadhuis.

's Avonds waren er vuren op de markt en feesten en potsenmakers en ze trokken er rond alsof de wereld bij hen op bezoek was geweest. De koning en hertog sliepen die nacht in het nieuwe paleis van de Heren van Zevenbergen, vlakbij hun gang. Gijsje zei dat zijn vader had gezegd dat de Keizer daar al veel eerder was aangekomen, en de dag ervoor bij zonnekrieken uit de stad was vertrokken om niet helemaal uit Antwerpen te hoeven komen. Maar ze geloofden Gijsje niet meer.

Voldoende personeel

Wat heb je eigenlijk aan personeel nodig in een adellijk huishouden? Hoeveel mensen houden de keuken draaiend in de late middeleeuwen? De hofmaarschalk van Karel de Stoute en later Maria van Bourgondië, Olivier de la Marche, heeft het leven in een paleis tot in de puntjes beschreven.

Er is een strenge scheiding tussen *upstairs* en *downstairs*, met de hofmeester als verbindend element. Een beetje hofhouding beschikt over een hofmaarschalk, een chef-kok, een zilverbewaarder, drie koksknechten, een pannenschuurder annex bordenwasser, twee manusjes van alles, een sjouwer, een portier, een foerier, een houtdrager, een barbier, twee paardenknechten en een huispastoor (klerk van de kapel).

In de keuken heerst een strakke hiërarchie, waarin de chef-kok (*queux*) de pollepel zwaait. Hij zorgt ervoor dat iedereen aan de gang blijft en proeft met zijn lepel elk gerecht. En met een venijnige mep van die lepel jaagt hij bietsende keukenjongens de keuken uit. Zij moeten hun werk doen als manusje-van-alles: loopjongen spelen, hout sjouwen, groente schoonmaken, de vaat doen, vuilnis afvoeren, vegen en vooral alle keukenmeesters van dienst zijn.

PASTEI MET KONIJN

Een pastei is in de middeleeuwen vooral een omhulsel waarin al het lekkers zit verborgen. Zo blijft de inhoud vers en sappig en kunnen er geen vliegen bij, noch de lucht, zodat bederf voorkomen wordt. De pasteien worden vaak op voorhand gemaakt en bewaard in de voorraadkamer, voor een vrij lange tijd. De instructies voor allerhande pasteien in een manuscript uit Gent laten de uiteenlopende mogelijkheden zien:

Om allerhande pasteien te maken. Ten eerste een pastei van de ham van een wild zwijn. Kook de ham goed gaar in een hoge pan. Doe het vel eraf en lardeer de hesp en bestrooi ze met gemberpoeder en peper en specerijenmix, en bak ze een half uur. Giet er dan een kroes wijnazijn op en dan laat je het koken zoals het hoort.

Bron: Gent UB 476.

Over de pastei zelf, het deeg, wordt niet gesproken. We mogen aannemen dat het geheel halverwege de bereiding in een korst wordt gedaan.

Er is ook een pastei met een vulling van stukjes ree. Die gaat in een hoge korst van bruin deeg met spek, rozemarijn, laurierbladeren, gember, peper en een specerijenmix. En ook daar gaat op het laatst een kroesje wijnazijn bij. Hetzelfde gebeurt met konijn, wildbraad, schapenbout, kalfsvlees, kapoen, piepkuikens, patrijzen en fazanten. Met wat variatie in de kruiderij en bindmiddelen. En soms een laatste opmerking: vertrouw op je eigen smaak en inzicht bij het samenstellen van je pastei.

Konijnenpastei

NODIG:
konijnenvlees, wijnazijn, lardeerspek, brooddeeg, peper, gember, specerijenmix, zout en kruidnagels.

BEREIDING:
Verwarm de oven voor tot 200 °C, een heteluchtoven tot 190 °C. Kook het konijnenvlees gaar in wijnazijn, vermengd met water, in de verhouding 20/80. Lardeer het vlees met de spek. Maak een korst van brooddeeg. Strooi gemberpoeder, peper, specerijenmix en zout over de konijnenbouten. Leg die in de korst. Doe er een paar kruidnagels bij en bak de pastei ongeveer 20 minuten in de oven.

Beetje armoedig, alleen konijn? Neem dan die laatste opmerking ter harte en vertrouw op eigen smaak en inzicht. Doe er bijvoorbeeld stukjes appel bij, of kweepeer, ui, wortel, pruimedanten, krenten of rozijnen.

14

HET EIER-VROUWTJE

–

Recept:
GROENE TOERTE,
GEVULDE EIEREN,
SAFFRAANSAUS,
MOSTERDSOEP

Een kluisje vol leven, de smakelijkste lekkernij die je kon bedenken, onmisbaar in taarten, omeletten en op Vastelavond – en het kwam uit de kont van een kip!

ELK

ei poetste ze met een doekje tot hij glom. Elk ei hield ze even tegen het licht, om te zien of de zon er doorheen kon schijnen. Wat een wonderlijke dingen waren het toch, dacht ze. Hoe had Onze-lieve-heer het kunnen bedenken. Een kluisje vol leven, de smakelijkste lekkernij die je kon bedenken, onmisbaar in taarten, omeletten en op Vastelavond – en het kwam uit de kont van een kip!

Buiten kakelden de piepkuikens die Vrouwe Tilman van den Broek, vrouw van de kerkmeester, had besteld. Zulke groten kwamen aan haar kraam, bij haar, Grieleke, een eierverkoopster uit Berlicum. Onze-lieve-heer had haar gezegend. Ze trok het bakje water naar zich toe en legde haar schatten er een voor een in. Alle vleiden zich op de bodem. Ze bezag het met vreugde.

Plotseling kakelden de kippen luid. 'Volluk,' klonk een zware stem. Grieleke schrok op. In de deuropening stond een zware man, zijn silhouet blokkeerde het zonlicht. Ze stond haastig op. Haar huisje lag wel in het dorp maar aan de rand. Bij onraad moest haar roepen hard zijn om de buren te bereiken.

De man week naar buiten voor haar komst, bijna onderdanig maar met een sluwe blik in zijn ogen. Ze kende hem wel. Hij woonde bij de Wamberg, erg afgelegen, met een vrouw en een varken maar zonder kinderen. Ze volgde hem naar buiten maar bleef in de deuropening staan, zodat ze het deurtje kon sluiten wanneer hij kwaad zou willen. Maar voorlopig bleef hij onderdanig, hij nam zijn hoofddoek in de hand.

'Ze zeggen,' begon hij, 'dat u verstand hebt.' Even moest ze een lachje inhouden. 'Verstand waarvan?' Zijn gezicht vertoonde verwarring. 'Van,' hij aarzelde even, 'van geheime zaken.'

Dat beviel haar niet. Geheime zaken waren van de duvel en daar moeide zij zich niet mee. 'Welke geheime zaken?' Hij keek even om zich heen en kwam een stapje dichterbij. 'Zaken om zieke dieren beter te maken,' fluisterde hij. 'Of juist niet.' Ze deed een stap terug. 'Van wie heb je dat gehoord?' Hij haalde zijn schouders op. 'Van iemand. Iedereen weet het.' 'En wat wil je dan?' Hij grijnsde. 'Een ander wijf. Eentje die koters kan maken.'

Van afschuw kon ze niet praten. Hekserij! Hij had het over duivelszaken, over zaken waarvoor in Het Peelland laatst nog een heks was verbrand.

'Ze hoeft niet dood,' haastte hij zich. 'Maar, nou ja, ze moet anders.' Ze schudde haar hoofd. Soms gaf ze raad in vrouwenzaken en ze wist wat van geneeskrachtige kruiden voor het vee. Maar een heks? 'Ik weet van niks,' snauwde ze. 'Maak dat je wegkomt, duivelsknecht.' Met zijn staart tussen de benen droop hij af, maar ze wist dat hij erover zou praten in de herberg.

*

Met een diepe zucht zette ze zich weer aan haar eieren. Zo snel had een vrouw een slechte naam. Alleen goed leven kon zekerheid geven. Veel en oprecht bidden, vaak naar de kerk gaan en alles wat ze deed moest rein zijn en schoon. En bovenal: de handel moest vers zijn en boven alle twijfel verheven. Zeker die van haar, de vergelijkingen lagen maar al te zeer voor de hand. Rotte eieren roken naar zwavel – net als de duivel. Rotte eieren bleven drijven in water – net als heksen.

Hekserij. Hij had het over duivelszaken, over zaken waarvoor in Het Peelland laatst nog een heks was verbrand.

De volgende morgen, net voor de vertrek, stak ze haar neus nog even in de eiermand en snoof diep.

Vals spel: saffraan

De Zwanenbroeders gebruiken opmerkelijk veel saffraan in hun stoofschotels. Het gaat ook in de populaire gevulde eieren met appel en salie, terwijl het zo'n kostbaar goedje is. Zou het wel altijd echte saffraan zijn? Of gaat het vooral om het kleurtje – en niet om de geur?

Saffraan (crocus *sativus*) bestaat uit de stampers en meeldraden van de wilde krokus. Het wordt al heel lang gekweekt. De oogst is kort maar intensief: de krokussen worden met de hand geplukt en de waardevolle draadjes er voorzichtig uitgehaald. Uiterst kostbaar en volgens Plinius onvervalsbaar vanwege zijn aparte geur. Toch is dat veel geprobeerd. En zwaar bestraft. In Neurenberg worden in 1450 vier saffraanvervalsers op de brandstapel gezet. In 1499 worden bij een andere vervalser de ogen uitgestoken. Een ernstige waarschuwing voor hen die denken óók te kunnen profiteren.

In de middeleeuwen gebruikt men saffraan om de bevalling soepeler te laten verlopen: een kopje saffraanthee voor de kraamvrouw. In deze tijd wordt saffraan ook de kleur van de liefde. Daarnaast is het een wapen in de strijd tegen pest en een kostbare kleurstof. Vanaf de middeleeuwen neemt de teelt van saffraan verder toe: de vraag is hoog en de prijs dus ook. Dat maakt saffraan vervalsen, ondanks de zware straffen, erg lucratief. Voor vals spel komen twee planten in aanmerking: de goudsbloem (*calendula officinalis*), die ook gekweekt wordt voor medisch en culinair gebruik, en de saffloer (*carthamus tinctorius*) of verfdistel (in het Frans zelfs bekend als bastaardsaffraan), vooral gebruikt voor saffloerolie en als verfstof.

Zangers en musici in een ei (naar een tekening van Jeroen Bosch) waarschijnlijk geschilderd door een volgeling van Jeroen Bosch

GROENE TOERTE

Nodig: een pond bladgroen van het seizoen, bijvoorbeeld spinazie, kervel en zuring, 40 gram boter, 200 gram verse (geiten-)kaas, peper, zout, kaneel naar smaak en 6 tot 8 losgeklopte eieren.

Bereiding: Verwarm de oven voor tot 200°C. Kuis de bladgroente, snijd ze fijn en meng ze met de kaas, boter en specerijen. Beboter een taartvorm (Ø 26 cm) en doe de groente-kaasmassa er in. Klop de eieren los met een snuf zout en giet de eimassa over de groente in de vorm. Bak de groene toerte in ongeveer 20 minuten gaar.

Bron: Carolus Battus/Karel Baten, CocBoeck, 1593.

GEVULDE EIEREN

Ghecloven Nonnen

Jeroen Bosch schildert opmerkelijk veel nonnen in combinatie met eieren. Wat zou dat betekenen? Dat de reine nonnetjes niet zo ongeschonden zijn als na hun gelofte gedacht? Het zou in elk geval de naam *Ghecloven Nonnen* verklaren voor deze gevulde eieren. Het recept blijft kookboeken lang populair.

Om gekloven nonnen te maken. Neemt eieren en kook ze hart. Dan doe je er de schalen af, en peltse ende snij je ze overlangs doormidden. Dan neemt de dooiers van deze eieren en die stamp je fijn in een vijzel. Maar eerst doe je er een beetje saffraan door, kaneel en gemberpoeder, salie en peterselie. En als je wilt ook appel en peper. Dat stamp je allemaal samen fijn en vult ermee de witten van de eieren waar je de dooiers hebt uitgehaald. Dan bak je de eieren in raapsmout of boter. En als het gebakken is dan strooi je kaneel met rietsuiker over het vulsel. En als je deze eieren op tafel dient dan leg je ze in de schotel met de open kant naar boven, namelijk het wit met het vulsel aan de bovenkant.

Bron: Een notabel boecxken van cokeryen.

NODIG:
8 eieren, 2 draadjes saffraan, ¼ + ¼ theelepel kaneelpoeder, ½ theelepel gemberpoeder, ½ theelepel versgemalen peper, 2 flinke saliebladeren, handje peterselieblad, ½ geraspte, niet al te zure appel en rietsuiker.

BEREIDING:
Kook per persoon 1 tot 2 eieren hard. Laat ze schrikken en afkoelen. Pel de eieren en snijd ze overlangs doormidden. Haal de dooiers er uit en doe die in een kom. Prak de dooiers fijn met een vork en voeg saffraan, ¼ theelepel kaneel, gember en peper toe – plus een snuf zout, ook al staat dat niet in het oorspronkelijke recept. Doe dan de fijngesnipperde salie en peterselie erbij en de geraspte appel. Roer dit alles goed dooreen zodat er een smeuïge, spicy massa ontstaat. Vul de eiwitten met het mengsel, bak ze in boter, leg ze op een schaal en strooi er beetje suiker en kaneel over.

SAFFRAANSAUS VOOR KIP

Neem dooiers van rauwe eieren en klop ze goed los met een lepel in een schotel. Dan doe je er wijn bij, maar roer het goed, zodat het niet aanzet of aanbrandt. Dan doet je er saffraan, gember, kaneel en suiker in en laat je dat koken totdat het goed bindt. Dit geeft men 's avonds met gebraden hoenderen. Sommigen doen er de gebakken levers van de kapoenen bij en luttele pepers.

MOSTERDSOEP

SOUPE EN MOUSTARDE

Prenns des oeufs pochis en huille tous entiers sans esquaille puis prenns d'icelle huille du vin de l'eau des oingnons fris en huille boulls tout ensemble prenns leches de pain hal sur le gril puis en faites morsiaux quarrs et mets boullir aveques puis hasts vostre boullon et ressuis vostre soupe puis la versss en un plat puis de la moustarde dedans vostre boullon et la boullir puis mets vos souppes en vos escuelles et mets dessus.

Bron: Daggikal: Le Viandier, ca 1486

Neem eieren en pocheer die in olie in hun geheel, maar zonder schaal. Neem wat van de olie, wijn en water en uitjes gebakken in de olie. Laat alles samen koken. Neem geroosterd brood. Snijd dat in brokken. Laat dat even meestoven. Zeef de soep en vang het vocht op en doe het weer in de pan. Leg een ei in een soepkom. Doe er het gestoofde brood en de uitjes bij. Roer een lepel mosterd door de gezeefde bouillon en breng die aan de kook. Giet over het ei.

NODIG:
4 eieren, een flinke scheut olijfolie, 1 stevige ui in snippers, 2 geroosterde zuurdesemboterhammen in blokjes, een ruim glas witte wijn, 2 tot 3 dl water of (groente- of kippen-)bouillon en 1 eetlepel grove mosterd.

BEREIDING:
'Pocheer' de eieren in de olie. Zorg dat de dooier heel blijft en niet hard wordt. Leg de eieren elk in een soepbord. Bak de uitjes in de resterende olie goudbruin. Voeg de in blokjes gesneden boterhammen toe. Giet er de wijn en de bouillon bij en laat even pruttelen.

Zeef brood en ui uit de bouillon en verdeel die evenwichtig over de eieren. Roer een eetlepel grove mosterd door de bouillon, laat nog even opkoken en giet over de eieren. Meteen oplepelen.

detail De Lakenmarkt te 's-Hertogenbosch

Anoniem
circa 1530

15

PEENTJE

–

Recept:
WORTELPUREE EN
HUTSPOT VOOR
BESCHEIDEN BROEDERS

De gebeden, die kende hij uit zijn hoofd. Maar schrijven was een voet te ver. Buitenlanders spraken lovend over de leesvaardigheid van ons gewone volk. Maar Peetertjen zou nooit tot die groep gaan behoren.

PEETERTJEN

was het sulligste knulletje dat ooit een leitje heeft vastgehad, in elk geval in mijn klasjes. Van huis uit kon het niet komen: zijn vader Nold was kramer en rekende als de beste, al toen hij twintig jaar eerder in mijn klasje zat. De andere jongens noemden hem Peentje. Ze joegen hem 's middag naar huis en weer terug. Als ze tenminste zijn moeder konden ontlopen, een stevig vrouwmens dat Peetertjens oranje haarkleur had aangedragen, zonder twijfel. De kleur van de duivel.

Maar sullig als hij was, Peetertjen had een goed hart. Nooit deed hij dwars, nooit vergat hij zijn leesplankje, nooit schreeuwde hij of gooide hij met zijn tas. Peetertjen was bedeesd, dat was het woord.

15

PEENTJE
–
Recept:
WORTELPUREE EN HUTSPOT VOOR BESCHEIDEN BROEDERS

Sommige jongens zouden naar de Latijnse school gaan, vanwege hun goede geboorte dan wel hun gisse geest. Maar Peetertjen kreeg zelfs het alfabet maar moeilijk onder de knie. De gebeden, die kende hij uit zijn hoofd. Maar schrijven was een voet te ver. Buitenlanders spraken lovend over de leesvaardigheid van ons gewone volk. Maar Peetertjen zou nooit tot die groep gaan behoren.

Wel had Peetertjen een belangstelling voor de natuur die mij verwonderde. Weinig ontging hem van het leven dat buiten plaatsvond, in de lucht en in het water. Hoe vaak hij niet kwam met een bloem of een geneeskrachtig kruidje, waarvan hij vastberaden kon vertellen hoe het groeide en waarom.
'Veel oude stenen daar,' zei hij bijvoorbeeld over het dokkeblad. Ik trachtte hem in de leer te doen bij een kruidendokter, maar die keek slechts naar het oranje haar.

*

In die tijd liefhebberde ik in mijn hof, gelegen op een uitstekend lapje grond nabij de Orthenpoort. Donkere, rijke aarde had Onzelieveheer daar neergelegd, vochtig en toch goed doorlatend. Ik oogstte kervel zoals het echte warmoezeniers niet lukte. Maar een deel van het land was zanderig en weigerde veel voort te brengen.

Op een zondag in maart verscheen Peetertjen aan mijn hof. Hij groette bedeesd, als altijd, maar leek daar niet toevallig verzeild. In het klasje sprak ik regelmatig over mijn groenten en de vreugde die het simpele werk mij gaf. Dicht bij God voelde ik mij daar, het was Zijn werk dat ik verrichtte, Zijn zegen deed de planten groeien. Peetertjen keek dromerig rond, zoals zijn aard was. 'Wat denk je,' vroeg ik, in een goede luim. Zijn verschijning alleen was al genoeg voor een blij gemoed. 'Prachtig, meester,' zei hij. 'Wat komt daar?' Hij wees op het stuk dat nog braak lag, het zanderige deel. 'Ik weet het nog niet,' zei ik en hij stapte ongevraagd door de opening in de haag en sjokte tussen de verse bedden door. Hij bukte zich en groef een hand in de grond, hield die omhoog en liet het zand, want dat was het, uit zijn vuile kluiven stromen. 'Wortelen, meester,' zei hij. 'Die doen het hier best.' Natuurlijk wist ik dat, maar zijn zekerheid vertederde mij. Onze-lieve-heer heeft voor ieder een bestemming.

'Wat denk je,' vroeg ik, in een goede luim. Zijn verschijning alleen was al genoeg voor een blij gemoed. 'Prachtig, meester,' zei hij.

Vanaf toen kwam hij vaker langs, zo vaak dat ik hem klusjes liet doen: spitten, opbinden, snoeien. Wat hij van nature zo goed deed dat hij er voor geleerd kon hebben. Maar in zijn familie kwamen geen warmoezeniers voor. Het werken in de hof deed hem zichtbaar goed. Zijn gevoelige huid, in de winter vaak zo wit, kleurde lichtjes bruin, zijn haren leken te groeien van de regen.

Het stukje grond met wortelen had zijn speciale belangstelling. Hij keek ze bijna uit de grond. Zelfs tegen de grootste wortelplaag, de wortelvlieg, wist hij een remedie. 'Uien ertussen, meester,' zei hij. 'Die vliegjes houden niet van uien.' En het werkte, zelden had ik een mooier wortelenbed. Gevraagd naar de bron van zijn kennis schudde hij slechts dromerig zijn hoofd.

Hij juichte bij het zien van de eerste paarse schoudertjes onder de pruik van warrig groen. Onderdanig vroeg hij of hij de eerste plukken mocht. Geen mooiere wortelen kwamen dat jaar uit de grond dan de mijne, en sappiger ook niet. Hun kleuren verliepen van paars naar zeer donkerrood naar geel, een enkele had oranje vlekjes. Die laatste bekeek hij aandachtig. 'Vreemd,' zei hij, 'dat er op de donkere zulke vlekjes zitten,' zei hij. 'Onzelieveheer houdt van alle kleuren,' zei ik en hij straalde. Van de oranjegevlekte wilde hij er graag een paar hebben en ik gaf ze aan hem mee. Mogelijk kon hij zijn moeder ermee verblijden.

De winter kwam, een miezerige met weinig vorst en veel reuma. In februari stond ik weer in de hof en meteen, alsof hij mij had gevolgd, verscheen Peetertjen. In zijn hand een verzameling wortelen: paarse, gele en een paarse met oranje vlekjes. Hij had ze de winter doorgehaald. 'Mag ik deze planten, meester?' Ik kon het kind niets weigeren, maar wat wilde het met doorgewinterde wortelen? 'Misschien, meester,' zei hij, 'kan ik ze naast elkaar zetten en het zaad winnen.' Waarom? Waartoe? Hij lachte verlegen. 'Oranje wortelen, meester.'

Ik vroeg mij af waarom hij de schepping wilde veranderen. Zouden er, als iedereen dat deed, nog wel roodharigen overblijven? Iedere boer liet zijn kippen met grotere hanen kruisen, iedere hovenier ging prat op zijn eigen zoetere appelras. Maar dat waren verbeteringen. Wat voor zin had een andere kleur? Maar ik liet hem begaan. Het kon geen kwaad.

Hij schoot uit, dat jaar, en begon meer op zijn vader te lijken, die altijd een forse jongen was geweest. Maar zijn haarkleur hield hij. Aan zijn wortelen besteedde hij niet zichtbaar aandacht, toch groeiden zij als kampioenen.

In de rozenmaand trof ik hem op een morgen heel vroeg aan, gebogen over zijn pootsel. 'Kijk, meester,' zei hij. 'Hommels vliegen van bloem naar bloem. Waarom zouden ze dat doen?' Ik haalde mijn schouders op, wat ongeduldig. Ook mij was het wel eens te veel om al voor de priemen een leerling in mijn hof te vinden. Maar ik zei niets. Ik keek naar dat kleine hoofd, in aandacht gebogen over een haffeltje veergroene blaadjes en bedacht dat er meer manieren zijn om te bidden.

*

Jaren gingen voorbij. Peetertjen groeide verder maar het alfabet leerde hij nooit en met rekenen kwam hij niet verder dan 13 plus 17. Het schoolgeld werd zijn ouders teveel en ze brachten hem onder als sjouwer bij een nogal despotische

patroon. Maar elke zondag en elk heiligenfeest kwam hij terug om mij te helpen en zijn wortelen te bestuderen.
Toen hield ook dat op. Hij had een eigen plekje gevonden. Heel klein zei hij, maar bijzonder geschikt voor zijn oogst.

Ik verloor hem uit het oog, wat bijzonder is in een kleine stad als de onze. Soms zag ik hem sjouwen op de markt, later hoorde ik van zijn patronaat bij de hovenier van de Minderbroeders, een orde die verder kijkt dan het uiterlijk. Daardoor verdween hij uit het stadsbeeld.

Hij had een eigen plekje gevonden. Heel klein zei hij, maar bijzonder geschikt voor zijn oogst.

Drie jaar later stond ik op een dag in de herfstmaand, nog voor de avond viel, uit te kijken over mijn hof en plannen te maken voor het jaar erop. Achter me klonken voetstappen. Ik draaide me om. Het was hem, Peetertjen, een volwassen kerel nu met het postuur van zijn vader en het haar van zijn moeder. Niemand zou hem nu nog ongestraft achterna jagen.
Hij knikte, het was bijna een buiging, met een geheimzinnige glimlach en haalde een doek tevoorschijn. ‘Kijk, meester,’ zei hij en sloeg de doek open. In het textiel lagen drie kloeke wortelen. Oranje wortelen. ‘Ze zijn voor u, meester,’ zei hij en reikte ze mij aan. Hij verdween als een geest.

Daar stond ik, de wortels in mijn handen. Het oranje straalde me tegemoet. Even lachte ik om mijn eigen gedachte. Hoe kon ik deze oranje plant anders noemen dan: Peentje?

Van peen en pastinaak

Pastinaak en wortel. In vroeger tijden wordt er nauwelijks onderscheid gemaakt tussen die twee, ze horen bij elkaar. In wilde staat zijn de planten weliswaar heel verschillend, maar gekweekt worden ze vaak verwisseld. Beide worden in het Latijn aangeduid met *daucus*: daucus *pastinaca* en daucus *carota*. Dat komt omdat ze onder de grond zo op elkaar lijken: allebei wit van kleur, ook al bestaat er in Syrië dan al een rode (paarse?) wortel. Daardoor worden ze ook vaak verward met de witte kervelwortel of peterseliewortel, die bovendien eveneens heerlijk zijn in de soep. En om het nog verwarrender te maken worden ze allemaal aangeduid met *siser*: suikerwortels, vanwege het zoete in de smaak.

Oranje wortelen worden vaak in verband gebracht met ons vorstenhuis. Er zijn echter al ruimschoots oranje wortelen op de markt vóór het huis Oranje-Nassau zich over de Nederlanden ontfermt.

WORTELPUREE

Dit recept zou afkomstig zijn uit de middeleeuwen, deze opgeschreven versie stamt echter uit 1804. Het is een beetje een *ons ben zuunig*-recept: veel effect met weinig.

Purée van wortelen

Men neemt van alles n deel: wortelen, meiraapjes, pastinaken, uien, die je bij voorkeur op een blank stalen rasp fijn raspt. De pulp doe je in water in een pan op het vuur en laat je drie of vier keer opkoken. Dan zeef je het heel fijn door een doek, of een zeef.

Je kunt het ook anders doen, je kunt dezelfde wortelen in dunne repen snijden en dan in kleine stukjes. Die laat je even in boter garen, waarna je er vocht over giet om ze te laten koken. Je kunt er vleesbouillon bij doen bijvoorbeeld. Om er wat meer substantie aan te geven voeg je een lepel bonenmeel toe, van erwten, linzen of bonen. Of, op vastendagen, rijstmeel – en geen vleesbouillon.
Maar in feite zijn geraspte wortelen het beste om aan een soep toe te voegen. Dan schenken ze al hun goede kwaliteiten aan het gerecht. Je hebt dan ook minder nodig om een grote hoeveelheid eten te maken.

Hutspot voor bescheiden broeders

In het rekeningjaar 1488/89 nodigt Jeroen Bosch de gezworen leden van de Illustre Lieve Vrouwe Broederschap uit om bij hem thuis aan te schuiven voor een maaltijd. Te gast is ook de secretaris van onze genadige heer Rooms koning. Op de rekening staan naast de wijn en 24 pond rundvlees (een pond is dan 470 gram, dus in totaal bijna 11 kilo), vier lood gember, twee lood peper en ½ lood saffraan voor 5 stuivers en een niet verder genoemde hoeveelheid wortelen voor 2 stuivers. 1 lood is ongeveer 15 gram.

Hutspot is gebruikelijke kost voor de broeders in die tijd. Het staat ook op tafel wanneer in hetzelfde jaar Jan Heyn, de bouwmeester van de Sint-Jan, de broeders uitnodigt. De traditionele broederschapsmaaltijd bestaat tot 1509 uit rund- of hamelvlees (schapenvlees) met wortelen en exotische specerijen. Soms gaan er ook krenten of rozijnen door, of azijn en peterselie.

NODIG:
scheut olijfolie, 100 gram roomboter in blokjes, ½ pond uien, 1 pond wortelen, 40 gram krenten, gemberpoeder, peper en saffraan naar smaak, 1½ pond doorregen runderrib- of kalfslappen, 1 eetlepel azijn, 1 dl rode of witte wijn en peterselieblaadjes voor de garnering. Een pastinaak en/of peterseliewortel meestoven is zeker een optie; wortelen kunnen in die tijd immers van alles zijn.

BEREIDING:
Giet de olijfolie in een hoge ovenschotel of pan en verdeel er de roomboter over. Leg daarop een laag ui, dan een laag wortelen en pastinaak en/of peterseliewortel, dan de krenten en specerijen en tot slot het vlees. Giet er de azijn over en de licht verwarmde rode of witte wijn. Vul zo nodig aan met lauw water, alles moet net onder staan.

Doe een deksel op de schotel of pan en zet hem in een oven die is voorverwarmd tot 110 °C. En dan nu geduld: ten minste een uur of vier. Dan valt het vlees lekker uit elkaar.

16

PEPERDURE ZONEN EN BEGRIPVOLLE MOEDERS

–

Recept:
GRAUWE ERWTEN MET PRUIMEDANTEN, SPEK EN UI

Wanhopig keek ze naar het stuurse gezicht van haar zoon. Geen werk, geen eten en hij kon toch niet zijn leven lang bij haar blijven wonen? Zo jong was ze niet meer. Wat als ze doodging? Wie moest er dan voor Stoffel zorgen, die het zelf zo slecht kon?

KIJK

hem toch eens staan, dacht ze. Zo kon hij als kind al hangen tegen de muur, met zijn onderlip naar voren en zijn ogen half gesloten. Margje zuchtte. Niemand waardeerde Stoffel. En het was toch zo'n goede jongen. Maar kwetsbaar, dat wel. Eigenlijk niet geschikt voor het bestaan als manusje-van-alles.

Van achter de colonne platte karren kwam bars meester Arnoldus, specerijenkoopman, aanbenen. Hij negeerde Stoffel en stapte direct op Margje af. 'Hij blijft thuis,' gromde meester Arnoldus. 'Ze zien ons aankomen in Neurenberg, met zo'n sukkel.' Ze boog het hoofd. Wie was zij om tegen een koopman in te gaan? Een eenvoudige kokkin moest haar plaats kennen en dat deed ze al veertig lange jaren. Jammer dat Stoffel niet hetzelfde op kon brengen.

'Je weet vrouwe,' baste Arnoldus verder, 'dat in Neurenberg een nap vol peper wordt verwacht. Niets meer, maar ook niet minder. En kijk nu eens.' Hij gebaarde wijd en verontwaardigd. Vlak bij Stoffels voeten lag de omgevallen nap, de peperkorrels verspreid over het hobbelige plaveisel.
'Ik kon er niks aan doen,' zei Stoffel luid. 'Ik struikelde. Dat kan de beste overkomen.' 'En vorige week brak je de pot met foelie,' hoonde meester Arnoldus. 'En de maand daarvoor viel je over de kat.' 'Dat was ook zo, meester,' haastte Margje zich te zeggen. 'Het was de kat.' Meester Arnoldus staarde haar aan. 'Hij viel in de servieskast! Hoeveel schade heeft hij daar niet aangericht!' 'Het was de kat,' zei Stoffel koppig.

'Vind je dat grappig? Weet je wat er gebeurt als wij niet precies die hoeveelheid bij de schepenen van Neurenberg inleveren?'

'Hij is nog jong, meester,' vlijde Margje. 'Hij heeft Neurenberg nog nooit gezien. En het was hem beloofd.' 'Door jou!' Meester Arnoldus liep rood aan. 'En hij mocht mee, als hij even braaf zou zijn als jij. En even goed zijn werk zou doen als jij.' 'Ik kon er niets aan doen. De punten van mijn schoenen zaten in de weg.' In Stoffels stem lag nu een klank die zelfs zijn moeder irriteerde. 'Hou je mond,' zei ze, 'als grote mensen praten.'

'Weet je wat je van zo'n nap peper kunt kopen?' vervolgde meester Arnoldus. 'Een heel schaap!' Margje giechelde even, ze kon er niets aan doen. Peper was duur, dat wist ze, maar de verontwaardiging van meester Arnold werkte op haar zenuwen. De meester kneep zijn ogen samen. 'Vind je dat grappig? Weet je wat er gebeurt als wij niet precies die hoeveelheid bij de schepenen van Neurenberg inleveren?' Ze schudde haar hoofd, nu onder de indruk van zijn ernst. Meester Arnold dempte zijn stem. 'Dan breekt de hel los. Die peper is een offer aan de hoogmoedige heren van Neurenberg. Met die bede elk jaar hoeven wij geen cijns te betalen. Een nap peper en een paar handschoenen, dat scheelt ons duizenden thalers per jaar.' Dramatisch richtte hij zich op en wees op Stoffel. 'Door hem raken we dat kwijt. Tienduizenden thalers per jaar zullen we moeten betalen. Door hem.'

'Dat ding was toch al te klein,' mopperde Stoffel, maar Margje lette er niet op. 'Op je knieën,' zei ze. 'Zoek ze bij elkaar. En snel.' Ze rende de keuken in en kwam terug met een bezempje en twee houten borden. Ze liet zich naast hem op de grond zakken en begon te vegen. Als knikkertjes rolden de korrels voor haar bezempje uit. Kostbare knikkertjes, hun gewicht in goud waard. Ze porde Stoffel in zijn zij. Hij begon de korrels te verzamelen, lamlendig, alsof hij zijn schuld niet zag.

Elke peperkorrel veegde ze schoon, blies erop om ook het laatste stof te verwijderen. Langzaam raakte de nap vol, maar niet vol genoeg. Kennelijk was een deel verspreid over de keien, onzichtbaar geraakt tussen de voegen en de kieren. Grommend maar heel voorzichtig nam meester Arnold de nap aan. 'Ik zal het aanvullen,' zei hij getergd. 'Maar jou wil ik niet meer zien als ik terugkom.'

Niet meer zien? Ontslagen? Haar Stoffel? Hij kon er toch niets aan doen dat Onzelieveheer hem gemaakt had zoals hij was? Wat moest ze doen? Wanhopig keek ze naar het stuurse gezicht van haar zoon. Geen werk, geen eten en hij kon toch niet zijn leven lang bij haar blijven wonen? Zo jong was ze niet meer. Wat als ze doodging? Wie moest er dan voor Stoffel zorgen, die het zelf zo slecht kon?

Langzaam ging ze door de knieën en boog deemoedig het hoofd. 'Heer Arnold,' zei ze en ze schrok zelf van de grienende klank in haar stem. 'Heer Arnold.' Ze vouwde haar handen en stak ze naar de hemel. 'Heer Arnold. Hou hem toch in dienst. Ik smeek u, hij is niet kwaad, hij groeit er wel overheen. Maar wat zou hij moeten buiten uw dienst? Galg en rad, niets anders wacht hem. Ik bid u, ontferm u over mijn moederhart en hou hem bij u.'

Heer Arnold aarzelde merkbaar. 'We zullen zien,' zei hij zonder naar hen te kijken en beende weg, naar de wagens. De tocht naar Neurenberg begon. Boos keek Stoffel ze na. 'Zet een ander gezicht op,' zei Margje. 'Weet je wel hoeveel geluk je hebt gehad? Wat als ze die peperkorrels gemalen hadden?'

Opgelucht zwaaide ze heer Arnold na. Het zal wel goed komen allemaal. Ze ging spek bakken voor bij de bonen. Dat zou er wel ingaan, na al dat gedoe.

Erwtenpuree – warm, koud, zelfs negen dagen oud'.

De Marskramer, buitenzijde Hooiwagen-drieluik (buitenzijde)

Jheronimus Bosch, circa 1516 of later, Olieverf op paneel

Erwten

De erwt is één van de groenten die we al het langst verbouwen: 6.000 tot 7.000 jaar in het Nabije Oosten en misschien al 4.000 jaar in Nederland. Overigens mogen ook linzen en kikkererwten delen in deze eer. In de middeleeuwen zijn de grauwe en de groene erwt samen met graan en tuinbonen het stapelvoedsel van de bevolking: je kunt de peulvruchten vers eten maar ook drogen, zodat je een wintervoorraad kunt aanleggen. Je maakt er soep van of puree met spekvet of reuzel. Of zoals een middeleeuws gedicht zegt:

Wie erwten heeft en gerstebrood
Wat spek en wijn voor in zijn keel
Wie vijf stuivers heeft: die mist niet veel
Die heeft het goed en kent geen nood.

Warme erwtenpuree wordt als *streetfood* verkocht, maar dient ook als voedsel voor de armen die aan de poort van de kloosters om eten bedelen. De befaamde kok en kookboekschrijver Platina geeft een mooi recept voor erwten met spek:

Kook de erwten slechts één keer op met hun peulen tot ze uit het water genomen worden. Laat een paar mooie plakken en stukken spek bakken. Neem niet te vet maar ook niet te mager spek. Doe daar dan de erwten bij en laat even meebakken. Maak af met een scheutje *verjus*, met most van gekookte wijn (*defritum*), of suiker. Zo kun je trouwens ook tuinbonen bereiden.

Linzen

Alle peulvruchten zijn als vleesvervangers heel belangrijk tijdens de talrijke vastendagen in de middeleeuwen. In de kookboeken uit deze tijd staat bij recepten vaak vermeld of ze bedoeld zijn voor 'magere' dagen (vasten) of voor 'vette' dagen. De recepten zijn vaak eenvoudig, maar ook heel smakelijk.

Een gerecht voor linzen in de Vasten uit een Toscaans kookboek uit de 15de eeuw:

Over de linzen

Neem goed gewassen en uitgezochte linzen en zet ze te koken met geurige kruiden, olie, zout en saffraan. En als ze gaar zijn, wrijf ze dan fijn en leg alles op roerei of omelet met geraspte droge kaas en dien het op.

Bij geurige kruiden kun je denken aan marjoraan (of oregano), tijm, rozemarijn en peterselie, net wat er was op dat moment of waar je pet naar stond.

Eronder staat een recept voor linzen in de 'vette' dagen:

Kook linzen met vers of gezouten varkensvlees, en dien ze dan op zonder de eieren met kaas.

Kikkererwten (kekers)

De kikkererwt is in ons land lange tijd ondergewaardeerd geweest. In de middeleeuwen was dat in heel Europa wel anders. Met maar liefst zeven recepten staat hij in het eerdergenoemde Toscaanse middeleeuwse kookboek. Hierin wordt onderscheid gemaakt tussen verse en droge, rode en witte kikkererwten. Maar voor de bereiding maakt het niet uit welke je kiest.

Over kikkererwten

Neem rode of witte kekers en kook die zacht met peper en saffraan en geurige kruiden. En als ze op deze manier gekookt zijn, doe je een deel ervan in je vijzel en je stampt ze tot puree. En dan doe je er krachtige bouillon bij en dan hele geroosterde kastanjes, peterseliewortel en wat vleesbouillon. Maar in plaats van dat laatste kun je natuurlijk als je wilt een stuk vlees meekoken.

GRAUWE ERWTEN MET PRUIMEDANTEN, SPEK EN UI

Een recept van Joke Boon, auteur van 'Bonen!' (2016)

"Ik wilde een recept maken dat net zoals een schilderij van Bosch verrassend is en waarbij telkens weer iets nieuws valt te ontdekken. Een gerecht met verschillende kleuren, texturen en smaken, zodat je bij elke hap verrast wordt."

NODIG:
250 gram grauwe erwten (of kapucijners) – gewassen en in ruim koud water 8 tot 12 uur geweekt, 750 gram pastinaak – geschild en in stukken, 500 gram winterpeen – geschild en in stukken, 1 theelepel komijnzaad, zout en peper, 2 eetlepels plantaardige olie (bijvoorbeeld walnootolie), een bosje krulpeterselie – fijngehakt, 1 ui – fijn gesnipperd, 225 gram biologische spekblokjes, 2 tl fijn poeder (zie pagina 79) of ras el hanout, 150 gram voorgewelde pruimen – zonder pit en gehalveerd, 1 envelopje saffraan, een scheutje olijfolie en een glaasje bier of witte wijn

BEREIDING:
Breng de erwten met het weekvocht en eventueel nog wat extra water (zonder zout) aan de kook en zet het vuur dan lager. Laat de erwten in 45 tot 60 minuten gaar koken. Controleer de gaarheid door een erwt te proeven en kook ze zo nodig wat langer. Laat de erwten uitlekken en vang een kopje van het kookvocht op.

Dan de puree. Rooster de komijnzaadjes ongeveer 1 minuut in een droge koekenpan, terwijl je de pan schudt zodat de zaadjes niet aanbranden. Stamp de komijn in een vijzel tot grof poeder en zet apart.

Doe de pastinaak en wortel in een pan met ruim water en een ½ theelepel zout. Breng aan de kook en kook de groenten in 15 tot 20 minuten helemaal gaar. Giet af en vang wat van het kookvocht op. Laat de pastinaak en wortel even droogstomen en stamp ze tot een grove puree. Maak er een geheel van met de olie en wat kookvocht, ongeveer 2 eetlepels. Schep de komijn door de puree en 2 eetlepels gehakte krulpeterselie.

Doe voor de saus de saffraandraadjes in een klein schaaltje en giet er een beetje kokend water over, zodat de draadjes onderstaan. Verhit 1 eetlepell olijfolie in een ruime koeken- of hapjespan. Bak hierin de spekblokjes ongeveer 5 minuten zachtjes uit. Voeg dan de gesnipperde ui toe en bak die 5 minuten mee.

Doe nu het fijn poeder of de ras el hanout, de saffraan met het weekvocht en de pruimedanten erbij. Voeg bier of witte wijn en 100 ml water toe en roer het goed door. Schraap eventuele aanbaksels los; die hebben heel veel smaak. Laat 2 minuten zachtjes pruttelen.

Voeg dan de erwten toe en schep alles goed door. Laat goed doorwarmen en schep er dan nog 2 eetlepels peterselie door. Verdun de saus zo nodig met wat kookvocht van de erwten. Breng op smaak met peper en zout en dien op met roggebrood belegd met spek.

17

DE IMKER

–

Recept:
BOSSCHE HONINGKOEK
VAN CEES HOLTKAMP

Het volk wekken voordat het zwermt, ik kan er nog steeds niet bij. Zijn vader moet hem toch hebben verteld over de bijen en hun werk? Dat ze steken?

IK

wist al in het voorjaar dat het een dwaas was. Wilde met zijn blote poten de stamvolken uit de korven halen. En betaalde daarvoor de prijs: dertig steken. Die heb ik nog nooit opgelopen. Nog nooit! Sukkel.

Als het geen neef was van mijn vrouw, had ik hem niet aangenomen. Het is zo'n stille, weet je wel, die nooit iets zegt en nergens opvalt. Maar dan ineens een stommiteit begaat. Zoals met die korven, ja. En daarna de was. Die wilde hij zomaar, koud, in de ketel op hoog vuur zetten. Natuurlijk verbrandt dat! Dat moet je rustig doen, met overleg. Dan moet je je oude meester vragen hoe het moet. Want die werkt al dertig jaar met was.

*

Het zou niet zijn gebeurd als de Lieve Heer ons kinderen had gegund, maar dat zat er niet in. En we hebben het geprobeerd, geloof me! Natuurlijk kreeg Abraham Isaak nog toen hij al honderd jaar oud was, maar ik denk niet dat ik dat haal, dus dat zal ook niet lukken. We zullen het moeten doen met bloed van ons bloed, al is zijn hemd nader aan mijn vrouwe's rok. Maar ja, we doen het ermee.

*

Het volk wekken voordat het zwermt, ik kan er nog steeds niet bij. Zijn vader moet hem toch hebben verteld over de bijen en hun werk? Dat ze steken? Niet zijn moeder, die is al heel lang dood. De cholera van '78. Vier bloedjes van kinderen liet ze na, drie meiden en een zuigeling. Drie konden er bij ons terecht, de jongste moest naar de min, hij verscheen hier pas dit voorjaar. Toen zag ik het meteen, ja. Maar zeg eens nee tegen tegen een vader die zich het schompes werkt om zijn kinderen te kunnen onderhouden? Geen penning, geen duit wilde hij hebben.

Een pond goede was heeft hij verbrand. Wat moest ik met dat jong? Terugsturen naar zijn vader, maar daar was de vrouw tegen. Een goed hart heeft zij, een te goed hart soms. Wij namen de kinderen op, we geven aan het blok; wij steunen de armen zó dat de buren zich schamen. Gelukkig is een imker geen bedelaar, geen volder of veger. Kaarsen hebben alle mensen nodig. De adel en de kerken, wat zouden ze zijn zonder onze was? En zonder honing? Mensen vechten erom, het zoet is door Onze-lieve-heer bedacht om de goeden te belonen. Wat is er zo lekker als honing? Aardbeien, moerbeziën, geen vrucht kan tegen die zoetheid op.

*

Het was mooi geweest als hij het over kon nemen, bloed van ons bloed – ook al is het nader aan mijn vrouw. Maar dat zal niet gebeuren. Te eigenwijs is hij, en te dwaas. Regels en gebruiken zijn door onze Heer boven geschapen, daarmee kun je niet rotzooien. In de zomer brengen wij de overgebleven volken naar de boomgaarden, naar de hei. In de herfst roken we de volken uit, breken de korven en verzamelen de honing. In de tussentijd vlechten we korven en gieten we kaarsen. In het voorjaar begint alles opnieuw. Zo heeft Onze-lieve-heer het geschapen, zo gaat het en zo zal het gaan tot het einde der tijden.

En waar hij nu mee aankomt! Hommels zijn ook bijen, zegt hij. Maar zij steken niet. Kunnen we die niet houden? Hommels houden. Genadige hemel! Alsof hommels honing maken. Alsof hommels zwermen en zich laten leiden. Terug naar zijn vader met die dwaas. Maar ja, bloed van mijn bloed. Al is het dichter bij mijn vrouw.

Gelukkig is een imker geen bedelaar, geen volder of veger.

Detail Heilige Christoforus

Jheronimus Bosch,
circa 1496-1505, olieverf op
paneel, 113 x 71,5 cm

Honingkoek en suikerzoet suikergoed

Wanneer we nog geen suiker kennen, gebruiken we vooral honing als zoetmiddel. En anders de stroop van appels, peren en andere zoete vruchten of wortelen. Daar komt in de middeleeuwen een exoot bij: rietsuiker. Deze plant groeit aanvankelijk in India en Iran. De Arabieren brengen de plant mee naar hun eigen gebied en leggen suikerrietplantages aan tot in Spanje Sicilië toe. Maar hier is suiker een seizoenproduct. De opbrengst is dus schaars en de suiker kostbaar. En zoals dat met veel schaarse producten gaat, belandt het eerst in de medicijnkast en bij de apotheek. De eerste recepten met suiker zijn dan ook voor 'geneeskrachtige' confituren.

Suiker heeft – gemengd met Arabische gom – de eigenschap zich goed te laten kneden en boetseren. Net als brooddeeg, maar dan een stuk verfijnder. Je kunt er allerhande figuurtjes van vormen en die weer kleuren. Je kunt de suiker ook mengen met amandelmeel tot marsepein, al dan niet met ei erdoor, en daar figuren van maken. Of er droge vruchtenmoes door mengen.

Zo maakte men bijvoorbeeld afbeel-dingen van bijbelse en heraldische voorstellingen van suiker. Onze taaitaai, speculaaspop, marsepeinfiguren, borstplaat en suikerbeesten zijn er nog overblijfsels van.

BOSSCHE HONINGKOEK VAN CEES HOLTKAMP

NODIG:
250 gram roggebloem, 100 gram patentbloem, 3 gram zout, 12 gram bakpoeder, 4 gram (2 theelepels) kaneelpoeder, 2 gram (¾ theelepel) kardemompoeder, 4 gram (2 theelepels) gemberpoeder, 2 gram (1 theelepel) geraspte nootmuskaat, 1 gram (¼ theelepel) foelie, 325 gram honing, 50 gram rietsuiker, 1 ei, 175 gram karnemelk, boter voor de vorm en granaatappelpitten ter decoratie.

BEREIDING:
Doe de roggebloem en patentbloem in een kom en roer er zout, bakpoeder en specerijen door. Verhit de honing en het rietsuiker tot ongeveer 80 °C, schenk dit bij het bloemmengsel en meng met een mixer. Voeg dan het ei en de karnemelk toe en meng het geheel tot een glad deeg.

Verwarm de oven voor tot 160 °C. Vet een springvorm of ring van 18 cm doorsnede in met boter en doe het beslag er met natte handen in. Strijk glad en bestrooi met granaatappelpitten. Bak de koek ongeveer een uur in de oven. Controleer met een scherp mes of de Bossche koek gaar is.

18

DE MESSEN-MAKER

–

Recepten:
KAASKOEKJES,
VERGULDE SOEP

Hij dacht niet meer aan de prijs. Dit moest zijn pronkstuk worden, de prijs waarmee hij de hoge heren van de stad aan zijn voeten zou krijgen.

MAAK

het zo glad mogelijk, zei de huismeester van Van Beerse. 'Glad als de huid van een vrouw. Mijn meester heeft van uw kunnen gehoord.' Dat klonk als muziek in de oren van Jochem Wouterse. Drie jaar geleden was hij toegelaten tot het messenmakersgilde. Hij was net gezel-af, net gevestigd in deze prachtige stad. En nu wilde een belangrijk man een van zijn messen kopen.

'Waarom zo glad,' vroeg hij voor de zekerheid. Een nieuweling in de stad, hoewel beschermd door het keur, wilde nog wel eens doelwit van grappen zijn. 'Dat is onbelangrijk.' De huismeester trok een verwaten gezicht en stak zijn neus in de lucht. 'Het ruikt hier onfris.' 'Zwavel en kool,' lachte Jochem. 'De duivel is net vertrokken.' De huismeester trok een zuur gezicht en vertrok.

Jochem ging aan de slag, want eervolle opdrachten konden niet wachten. Er wachtte nog een goed plaatje Damascener staal, meegenomen uit Antwerpen,

Mes

Collectie Groot Tuighuis,
bodemvondst,
's-Hertogenbosch

afkomstig uit India of een van die verre streken. Geen beter staal voor gladde afwerkingen dan Damascener. Dat was zijn geheim: goed materiaal.

Op het aambeeld hamerde hij met moeite de oneffenheden uit het staal. De grootste moeite leverde de beste resultaten. Liefdevol liet hij zijn vinger over het oppervlak gaan. De laatste oneffenheden zou hij wegvijlen wanneer het heft bevestigd was.

Met een stukje kool tekende hij de vorm van het lemmet en de wortel, waar het heft aan vast moest komen, en zaagde lange tijd tot het aanstaande mes in silhouet afgetekend stond in het metaal. Toen dekte hij het vuur toe en ging naar achter, waar een emmer water zijn zwarte bast zou reinigen en zijn vrouw wachtte.

De volgende morgen, al voor het krieken, was hij weer op zijn post. Buiten liepen de eerste voorbijgangers. De klokken luidden. Jochem hamerde, veilde en schraapte. Tegen de avond was het mes klaar voor de bevestiging van het heft, maar hij moest nog besluiten waar dat van te maken. Elpenbeen was het mooist maar ook het duurst, en de huismeester had niets over de prijs gezegd. Been? Hoorn? Hout eventueel? Maar nee, besloot hij. Wanneer een mes glad moest zijn als de huid van een vrouw, dan kon hout niet de bedoeling zijn.

Hij keek in zijn voorraadbak. Tussen de stukken hoorn en de essenhouten delen lag een zakje met kostbare materialen. Het elpenbeen zat erin maar op de bodem schitterde nog iets mooiers: perlemoer. Niet dik genoeg om een heft mee te maken maar oh wat zou het mooi staan in een zetting van ebbenhout.

Hij dacht niet meer aan de prijs. Dit moest zijn pronkstuk worden, de prijs waarmee hij de hoge heren van de stad aan zijn voeten zou krijgen.

Aan het einde van de dag fonkelde het mes, zowel het lemmet als het heft. Wanneer zou de huismeester terugkomen? Hij had geen dag genoemd. Maar waarom wachten? Jochem besloot om zelf naar De Roodenburg te gaan, de woning van Van Beerse.

Zijn vrouw wikkelde het fonkelende werkstuk in een lapje zwart fluweel. ‘Dan kun je zien hoe mooi het is,’ zei ze en Jochem dacht de hele wandeling na over de verborgen wijsheid in die opmerking.

‘Met het vorige mes gebeurden de verschrikkelijkste ongelukken.’

De huismeester kwam zelf aan de deur om het pronkstuk te bezichtigen. Zelfs zijn trotse gezicht verzachtte bij de aanblik van het mes. ‘Ebbe en perlemoer,’ zei Jochem, die bijna barstte van trots. ‘En glad als een vrouwenhuid.’ Nu aarzelde de huismeester. Hij haalde het lemmet zachtjes langs zijn hand en knikte, maar was nog niet overtuigd.

'Het is heel belangrijk,' zei hij. Zijn arrogantie was verdwenen. 'Met het vorige mes gebeurden de verschrikkelijkste ongelukken.' Jochem keek nieuwsgierig. De huismeester dempte zijn stem. 'Er bleef een stukje hangen. Dat viel op de jurk van de gravin.' Jochem knikte alsof hij er iets van begreep. 'Dat is nu verleden tijd.'

De huismeester keek verlangend. 'Eigenlijk moeten we het uitproberen,' zei hij. 'Maar ja.' 'Maar ja?' De huismeester kuchtte. 'Maar ja. Mijn neus. Die is zo gevoelig. Ik kan het onmogelijk zelf proberen.' 'Laat mij het doen! U weet, ik ben zelfs gewend aan de geur van de duivel.'

De huismeester wikte en woog en wenkte toen de smid naar binnen. 'We bewaren het in de diepste kelder,' fluisterde hij. 'Dat begrijp je. De heer haalt het in huis omdat hij denkt dat de gasten ernaar verlangen. Maar die kunnen de geur ook niet aan. En dat zeggen ze dan niet. Oh, die mensen.'

Hij ging hem voor, de donkere gang in, een trap omlaag. Het werd steeds donkerder. De huismeester was hier thuis en liep met zekere passen, maar Jochem stommelde. Zijn zelfvertrouwen verdween. Waar voor de duivel liepen ze heen? Het was aardedonker, er hing een onmiskenbare stank, de stappen van de huismeester klonken steeds meer als die van hoeven. Hij huiverde. Had hij te veel gespot? Bracht Onzelieveheer hem als straf op het pad naar de hel? Gelukkig had hij het mes. Hij verstevigde zijn greep op het in textiel verborgen heft.

Voor hem piepte een straaltje licht. De huismeester had een verborgen lantaarn gepakt en hield die omhoog terwijl hij zocht. Er hing een pestilente geur. Zouden ze de beerton in de kelder bewaren?

De huismeester wees Jochem op een afgesloten pot. 'Dat is het,' zei hij. 'Daar zit het in.' 'Maar wat is het?' 'Probeer maar. Ik ben zo terug.' De huismeester haastte zich weg maar liet de lantaarn achter. Jochem boog zich over de pot en verwijderde het deksel. De geur van rotting overweldigde zijn neus. Wat is dat? Zijn spieren, zijn zenuwen wilden rennen, wilden weg, maar hij beheerste zich en boog zich over de pot. Daar lag een kluit, een homp die op het eerste gezicht iets weghad van boter. Maar die lucht! Alsof er een lijk lag!

De geur van rotting overweldigde zijn neus. Wat is dat?

Huiverend haalde hij het mes tevoorschijn. Met dichtgeknepen neus zwaaide hij wild naar de homp. En met resultaat: het mes ging er doorheen zonder een spoor achter te laten. Nog een keer, met hetzelfde resultaat.

Opgewekt legde Jochem het deksel terug en liet even zijn neus los. De geur drong naar binnen als een vijand, reikte tot achter zijn ogen, tot in zijn maag. Hij vluchtte, kokhalzend maar tevreden.

Boven wachtte de huismeester, bevreesd. Jochem reikte hem het fluwelen pakket. 'Geen smetje blijft hangen,' zei hij. 'Het mes doet wat het moet doen.' De huis-

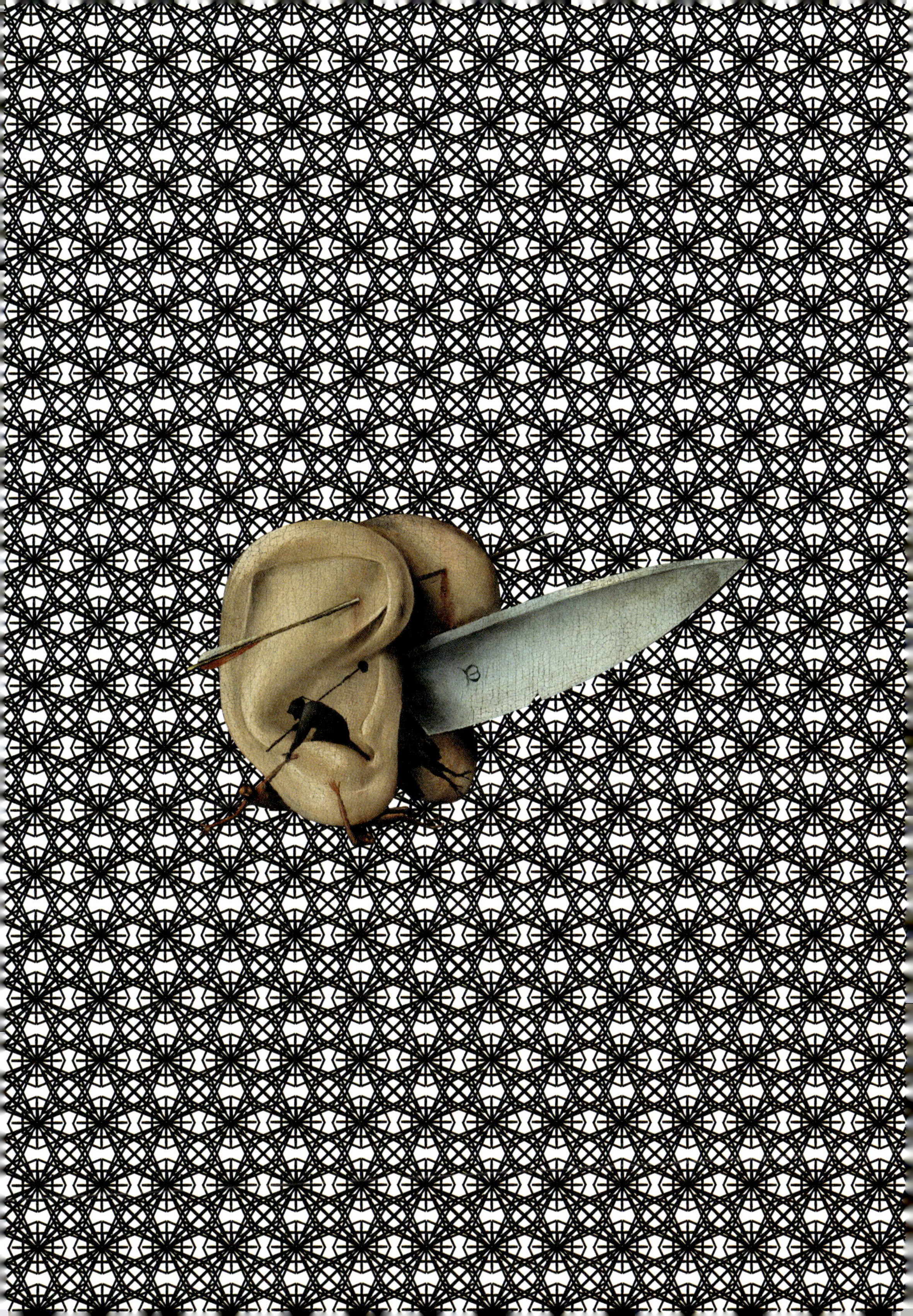

meester knikte en reikte naar de beurs, die aan zijn gordel rinkelde. Tevreden telde Jochem zijn munten.

'Geen smetje blijft hangen,' zei hij. 'Het mes doet wat het moet doen.'

'Graag tot een volgende keer,' zei hij. 'Maar ik heb nog wel een vraag.' Somber knikte de huismeester. 'Wat is het voor stinkend spul!' De huismeester zuchtte. 'Kaas,' zei hij. 'Hoogst exclusieve kaas. Nauwelijks te krijgen, door de meester zelf geïmporteerd uit Frankië, net zo duur als peper.' Hij zuchtte weer. 'En hij stinkt.'

Hoofdschuddend keert Jochem terug naar huis.

Messenmakers

's-Hertogenbosch beschikt halverwege de 16de eeuw over tenminste tien messenmakers. De messen waren vooral bedoeld voor de export, voorzien van het teken van de stad en vaak ook nog van de maker. Alleen de leden van het gilde mochten ook aan huis messen verkopen. De messen gingen naar Antwerpen, Bergen op Zoom en zelfs het Spaanse Cadiz. In de tijd van Jeroen Bosch werd een nieuw type mes populair, messen met een plaatangel waardoor het heft beter bleef zitten. Je kon op de plaatangel heftbeschermers aanbrengen van been, metaal, hout, of een combinatie. Naar gelang de wens en kapitaalkracht van de koper kon het mes fraai versierd worden. Zelfs met koper of zilver.

Kaasplankje

Een keur aan kazen ligt er aan het begin van de 16de eeuw op de Brabantse plankjes: Hollandse kaas, Vlaamse kaas, Friese kaas, kaas van de boer om de hoek, verse roomkaasjes en Kempense kopkens, een soort bolle kaasjes. Ziende en blinde kazen, ofwel kaas mét gaten, die gelijkmatig in de kaas moeten zitten, en zonder gaten, van mindere kwaliteit. Parmezaanse kaas, kruiskaas, Tiense kaas uit de omgeving van het Belgische Tienen, Herve kaas en Engelse kaas, die volgens een Italiaanse kenner het meest op Parmezaan lijkt. Daarnaast is men in Brabant al eeuwen dol op Franse brie.

In de tijd van Jeroen Bosch is het niet vreemd om iemand die je bewondert een lekkere kaas cadeau te doen. Met een mooie brie maak je je populair in de 16de eeuw, maar ook kazen uit de Franse regio's Vexin en Auvergne, en uit Zwitserland, Italië en Holland vallen in goede aarde.
Zeer populair is een vette rauwmelkse roodschimmelkaas uit Henegouwen, geïnspireerd door de Picardische *maroilles* en op smaak gebracht met peterselie, dragon, peper en kruidnagel. *Dauphin* heet deze kaas: Lodewijk XIV was er als kroonprins dol op. De *maroilles* zelf is al bekend vóór het jaar 1.000.

Eenmaal aangesneden kaas bewaar je in een vochtige doek, die je natter maakt naarmate de kaas ouder wordt. Met een beetje zout in het water. Daarna plaats je de kaas in een marmeren kist (als je rijk bent) of een aardewerken pot met een deksel erop. Elke dag snijd je de gewenste hoeveelheid af. Wat overblijft leg je niet terug in de voorraadpot, maar gebruik je in de keuken voor andere gerechten.

KAASKOEKJES

Wil je kaaskoekjes bakken, rasp dan een bijzonder goed stuk Parmezaanse kaas en doe er geraspt wittebrood bij tot het heel dik is. Klop er daarna eieren door tot het een fraai deeg is. Daarna maak je ronde kogeltjes, allemaal even groot, en dan bak je ze.

Bron: Sabina Welserin, Nürnberg, ca 1553

NODIG:
100 gram pecorino of Parmezaanse kaas, 3 beschuiten en 2 eieren. Voor de variatie: komijnzaad of gedroogde tijm.

BEREIDING:
Verwarm de oven voor tot 200° C, een heteluchtoven tot 190°C. Rasp de kaas en stamp de beschuiten. Meng kaas en beschuit, en klop er de eieren door. Voeg voor extra smaak het komijnzaad of de tijm toe.

Maak balletjes ter grootte van een walnoot en leg ze op een anti-aanbak bakblik. Schuif in de hete oven en bak de kaaskoekjes in ongeveer 12 minuten gaar.

VERGULDE SOEP

In heel West-Europa bestaan versies van 'vergulde soep'. Bijvoorbeeld de *zupa d'oro* uit de Napolitaanse handschriften en de *zuppa* (of *suppa*) *(in)dorata* van Maestro Martino. In het Engels kom je het tegen in 'The Forme of Cury' en 'Diversa Servicia' als *soppes dorre* of *sowpues dorry*. Je hoort er bijna het Franse *soupe doré* in. Is deze vergulde soep een soep? Nee, het zijn een soort wentelteefjes!

Neem sneden wit brood, verwijder de korst, rooster ze goudbruin en week ze in een mengsel van verse eieren met een beetje rozenwater. Dan haal je ze eruit en bak je ze in goede boter. Keer ze regelmatig om en als ze gaar zijn –dat duurt niet lang – haal je ze uit de pan en doe je er suiker, rozenwater en saffraan op.

NODIG:
4 sneden oud wit brood, 4 eieren, 1 theelepel rozenwater en nog vier druppels, 2 draadjes saffraan, 100 gram boter en 4 eetlepels suiker.

BEREIDING:
Snijd de korsten van de boterhammen en rooster ze licht. Klop de eieren los met de theelepel rozenwater. Roer de saffraan door de druppels rozenwater en laat trekken. Smelt de boter in de pan maar laat hem niet bruin worden. Wentel de boterhammen door het eimengsel en bak ze aan beide zijden goudbruin in de boter. Leg ze op een bord, sprenkel er het saffraanrozenwater op en strooi er kristalsuiker over. Dien de wentelteefjes warm op.

19

DOOD VAN EEN BROEDER

–

Recept:
GEBAKKEN SCHOL
MET SALIESAUS

In de straten liepen de poorters zonder het nieuws te kennen. En als ze het wel wisten, deed het hen niets.

LEEUWERIKEN

zongen boven het Bossche Broek, duiven koerden in de toren van de Sint-Jan. Maar in het hart van Peter Raescop, herbergier, klonk alle vrolijkheid als een bespotting. Er was vannacht een broeder doodgegaan.

En niet zomaar een: Gijsbert van der Poorten, kanunnik van de Sint-Jan, had de zetel bereikt die naast God op hem stond te wachten. Daarvan was Raescop overtuigd. Hij sloeg een kruis en deed een gebedje. Of was het blasfemie om over zulke zaken te denken?

In de straten liepen de poorters zonder het nieuws te kennen. En als ze het wel wisten, deed het hen niets. Van der Poorten is dood, schreeuwde Raescop van binnen. De beste, de wellevendste en de meest lankmoedige van de gezworen broeders van het Illustere Lieve Vrouwe Genootschap. Zijn tijd was gekomen, hij had de gezegende leeftijd bereikt waarop alle aardse verlangens waren weggeëbd en alleen nog voor het eeuwige leven brandden.

Weer stond Raescop even stil en sloeg een kruisje. Zijn vriend Gijsbert, hij sprak

over zijn vriend. En zo snel was alles gegaan. Gisteren nog kwam het bericht dat zijn nacht rustig was geweest, en nu dit.
Zou Gijsbert volgens de *artis morendi* gestorven zijn? Was hij volgens de regelen der kunst overleden? Zou de priester – wie zou dat geweest zijn, eentje van het Kapittel waarschijnlijk – zou die op tijd geweest zijn?

Raescop sloeg de hoek om naar de Hinthamerstraat. Achter hem klonk zijn naam. Het was Marcelis Hermans, wijntavernier, ook op weg naar het huis van Gijsbert. 'Weet jij er iets van?' Raescop was blij met het gezelschap van Hermans. Hoe lang hij ook al gezworen broeder was, hij bleef zich ongemakkelijk voelen bij al die lieden van adel en de stadsgroten die al van vader op zoon bij de Broederschap aangesloten waren. Van de vijftien broederschappen in de stad was die van de Illustere Vrouwe het meest hoogstaand, met de voornaamste leden. Graven, Hertogen, de heer van Buren. Hij en Hermans waren van lagere stand en dat bleef zo.
Hermans schudde zijn scherpe gezicht. Hij had de bonten tabbaard aangetrokken die bij hun positie hoorde, zeker bij dit soort slechte berichten. Zijn buis was nog nieuw en toch al vol vlekken. Maar tijd om terug te gaan was er niet.

Voor het huis van Gijsbert stond een menigte mensen: straatslijpers, vagebonden en andere lanterfanters die niets anders wilden dan slecht nieuws horen. De wachter voor de deur liet alleen diegenen langs die er iets te zoeken hadden. Met plotselinge trots hief Raescop zijn hoofd en schreed naar binnen. Kijk maar eens goed, gepeupel; herbergier ben ik en toch gezworen broeder.
Binnen heerste de schemer. De luiken waren gesloten, de rouw was aangekondigd. Vele mannen drongen in de gang om toegang te krijgen tot de kamer waar Gijsbert lag opgebaard. Raescop en Hermans wachtten in de gang tot zij aan de beurt waren en lieten passeren wie boven hen was geplaatst.
Uit de gang was alle luxe verwijderd, de schilderijen waren afgedekt met doeken. Van de laatste jaarviering, toevallig in dit huis, kenden ze de schittering van de kandelaars en de schoonheid van de schilderijen. 'Naar wie gaat het allemaal?' vroeg Hermans zachtjes. 'Geen kinderen, geen vrouw. Dat zullen dan wel de neven worden.' En het huis, dacht Raescop. Zo'n huis met negen kamers, een zolder, kelders en bijgebouwen – hoeveel zou dat niet waard zijn? 'En wij zitten maar in die krappe torenkamer,' schamperde Hermans, zijn dunne mond misprijzend getuit. Raescop wil uitvallen, maar Hermans zei alleen maar wat de boven hen gestelden ook zeiden. Kwaad worden had geen zin.
Beys van de Leeuwenborgh kwam. Na zijn bedevaart weigerde hij alle voorrang. Hij stond achter Raescop en Hermans, die daar knap zenuwachtig van werden. 'Het heeft niet lang geduurd,' begon Beys. 'Hoe treurig ook, hij is nu in de hemel.' Raescop en Hermans knikten. 'Een goed mens is heengegaan,' zei Beys. Weer knikten beide anderen. Een bijzonder goed mens, dacht Raescop. Zijn ogen begonnen te prikken.
'Bij de laatste maaltijd zag hij er nog zo monter uit,' zei Hermans. 'Oud, natuurlijk, maar levendig. En wijs.' 'Wijs en voornaam,' zei Raescop.
Hij dacht aan alle maaltijden die hij

had voorbereid in de huizen van zovele leden. Elk jaar deed een van de gezworenen zijn plicht en bood zijn broeders de zwaansmaaltijd aan bij hem thuis, een gastmaal met als hoogtepunt de schotel met de zwaan. De zwaan kwam meestal van de familie Van Egmond, die er eer inlegde de traditie hoog te houden. Die eer voelde Raescop, gewone poorter, net zo hard. Aan de jaarlijkse maaltijd mocht geen toevallige kookster te pas komen. Alleen het beste was goed genoeg voor de mensen die hem als gelijke hadden geaccepteerd voor het aangezicht van Onzelieve-heer. Elk jaar ging hij persoonlijk naar het huis van de broeder, die dat jaar het maal zou betalen. Daar inspecteerde hij de keuken, de voorraadkelder en het keukenpersoneel. Op de dag zelve maakten *zíjn* koksmaten de maaltijd klaar, onder *zíjn* toezicht. Vooral aan de zwaan besteedde hij veel aandacht.

Kijk maar eens goed, gepeupel; herbergier ben ik en toch gezworen broeder

Hermans porde in zijn zij, er was ruimte voor hen gekomen. Met zachte pas stapten ze binnen. Vele broeders waren verzameld rond het bed. Gijsbert lag op een baar, bekleed met eenvoudig zwart laken. De muren waren met zwarte gordijnen behangen, door de kieren van de luiken viel schuins licht binnen dat alle gezichten tot vlekken maakte. En alle mannen gelijk.

Alleen dat van Gijsbert niet. Een liefhebbende hand, of die van God, had het zo bestierd dat een lichtstraal op zijn zachte, wijze gezicht viel. Raescop wilde op zijn knieën vallen maar hield zich in. De voorname mannen in het gezelschap beheersten zich ook; drama is voor de eenvoudigen. Hij nam een stap en nog een, tot hij aan de baar stond. Hij leek niet dood, Gijsbert. Maar geen van de doden die Raescop had gezien leken dood, behalve het zoontje van de buurman dat pas na een week in de Dieze werd gevonden.

Maar Gijsbert leek te kijken. Zijn oogleden waren net iets van elkaar en daartussen schemerde nog iets van het vuur waarmee de oude kanunnik het opnam voor het gewone volk. Raescop wilde naar voren stappen, wilde zijn vriend schudden om hem te wekken, maar alle anderen hielden afstand en hij volgde, toch wat beschaamd, hun voorbeeld. ‘Hij ligt er mooi bij,’ zei Hermans. ‘Geen dag ouder dan veertig zou je hem geven.’ Hoe kon hij zo koel praten over zo een groot man, dacht Raescop.

Beys kwam aan zijn andere kant staan. Hij keek zijdelings naar de herbergier en boog zich naar hem toe. ‘Heeft Gijsbert jou niet ingezworen?’ Raescop knikte en hield zijn tranen binnen. Wat een grote dag was dat. Voor alle gezworenen in de kapel van de Sint-Jan. Hij, een eenvoudige herbergier. En daarna de vergadering in de zaal onder de toren, waarin hij werkelijk bevestigd werd. Naast Gijsbert, in het licht van zovele kaarsen. Zo moest het in de hemel zijn, maar minder krap, want het aantal leden was de laatste jaren wel erg gegroeid. Ze pasten er bijna niet meer in.

En bij die verheffing was het niet gebleven. Zonder er met iemand over te spreken had Gijsbert, hij mocht Gijsbert zeggen, had Gijsbert hem wegwijs gemaakt in hoe-het-hoort. Hoe een wijnnap op te nemen, hoe de deken van de broederschap aan te spreken, zelfs hoe men zich aan tafel diende te gedragen. Zonder die lessen, uit de goedheid zijns harten gegeven, had Raescop het nooit aangedurfd om zelfs de vergaderingen maar te betreden.

Later hoorde hij geruchten over Gijsberts afkomst, die nog lager zou zijn dan die van hem. Hij had er nooit naar gevraagd, was er nooit op doorgegaan. Wat als het waar zou zijn? Het maakte niet uit. Hij zou Gijsbert de rest van zijn leven dankbaar blijven.

Weer boog Beys zich naar hem toe, maar wat hij wilde zeggen werd overstemd door rumoer bij de deur: de deken kwam binnen. Een stevig gebouwde man was deze Willem Hameker, iemand die zijn gezag graag zag weerspiegeld in de buiging van zijn gelijken. Eerbiedig maakten de broeders plaats. De deken beende zonder op zien naar de baar, pakte Gijsberts hand en staarde ernstig op hem neer. Daarna draaide hij zich om en richtte hij zich tot de omstanders.

'Een groot mens is heengegaan,' zei hij. Raescop verloor onmiddellijk zijn belangstelling. Als de vos de passie preekt, dacht hij. Gijsbert kon daarover grappen zonder onaangenaam te zijn. Hij imiteerde Hameker kunstig, liep rond met stijve benen en zijn borst vooruit, sprak met bolle stem zoals de deken dat ook graag deed. Maar alles zonder kwaadaardigheid; zelfs voor mensen als Hameker had Gijsbert begrip.

Hermans stootte hem tegen de schouder, de aanwezigen juichten en sprongen op. Raescop schudde niet-begrijpend zijn hoofd. Beys boog zich voorover en riep: 'Dit huis. Het is nagelaten aan de Broederschap. Voor eeuwig.'

Hij wilde meer zeggen maar het publiek juichte. Iemand hief een jubelzang aan en alle broeders vielen in. Ook Raescop. Hij wist het, hij had het al die tijd geweten. Ook in de dood was Gijsbert van der Poorten een goed mens.

'Heeft Gijsbert jou niet ingezworen?' Raescop knikte en hield zijn tranen binnen.

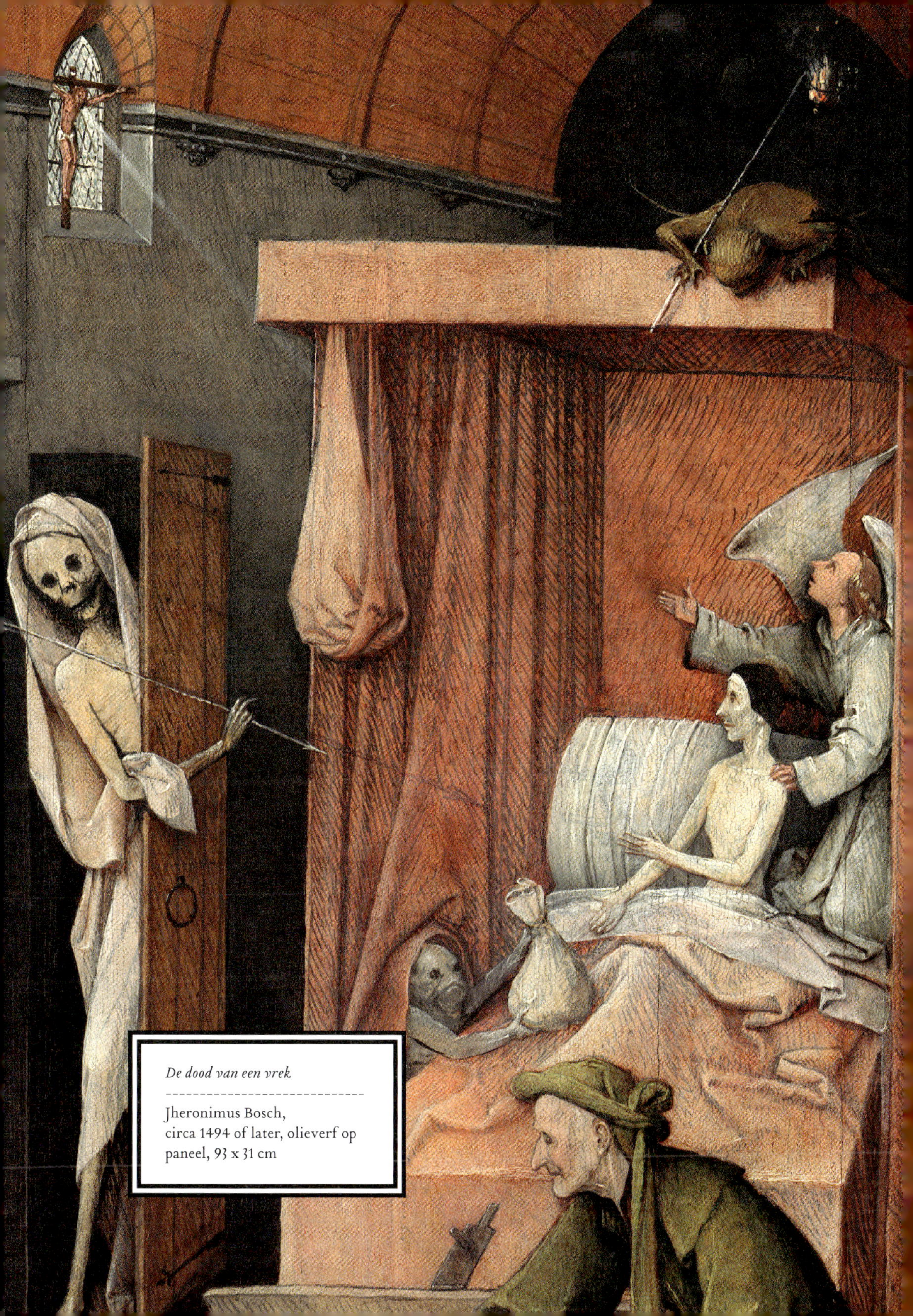

De dood van een vrek

Jheronimus Bosch,
circa 1494 of later, olieverf op
paneel, 93 x 31 cm

Zwanenbroeders

Een belangrijke rol in de sociale samenhang van 's-Hertogenbosch (en ver daarbuiten) is weggelegd voor de Zwanenbroeders, officieel De Illustre Lieve Vrouwe Broederschap. Formeel opgericht in 1318 voor *clerici et scolares*: gewijden en geleerden. Of: gezworen broeders, vanwege de eed die ze afleggen. Hun embleem is de witte marialelie, omgeven door doornenranken. Met daaronder de spreuk *Sicut lilium inter spinas*: zoals een lelie tussen de doornen. In 1483 krijgt de Broederschap een eigen onderkomen in de Hinthamerstraat, geschonken door Broeder Gijsbert van der Poorten. Hier staat nu nog steeds het Zwanenbroedershuis.

Aan het eind van de 15de eeuw treden boventallige zonen uit hogere kringen niet meer als vanzelfsprekend toe tot de clerus. Daarom mogen zij geen gezworen broeder worden. Maar geen nood: voor deze gedienstige lieden komt een nieuwe mogelijkheid. Zij worden Zwanenbroeders: volwaardig broeders, maar lekenbroeders. Hun naam stamt af van de traditie om zwaan te eten bij de broederschapsmaaltijd.

Al naar gelang het aantal aanzittenden dient men acht, negen of tien schotels te serveren. Op elke schotel moet een half speenvarken en een piepkuiken of een kapoen of een konijn, of een eend, of een lamsschouder of een kalfsrug of een lamskwartier liggen. Of vier hazelhoenders en een kip. Of een wilde of tamme gans. Of het vierde deel van een zwaan met een konijn.

Ieder jaar, 28 december, wordt het ritueel voltrokken. In 1498/99 organiseert broeder Jeroen Bosch het zwanendiner. Het maal vindt plaats ten huize van Wouter van de Rullen, op dat moment beheerder en bewoner van het Zwanenbroedershuis. Er worden twee zwanen verorberd. Eén is een geschenk van de rentmeester van de Hertog van Brabant, die dit jaarlijks voor zijn rekening neemt. De andere wordt aangeschaft voor het bedrag van acht stuivers. Aan de maaltijd nemen ongeveer vijftig man deel. Dan lijken twee zwanen vooral symbolisch.

Wanneer Frederik van Egmond als broeder wordt ingezworen in 1500 zit Jeroen Bosch waarschijnlijk ook bij de zwanenmaaltijd aan. Met twee zwanen, acht eenden, acht konijnen, acht kapoenen, een lam, 26 pond rundvlees, brood, kaas en rozijnen maakt deze maaltijd geen karige indruk. Voor iedere gast was er een kwart wijn en dan was er ook nog een vat bier.

DE ZWAAN, CARMINA BURANA

Eens dreef ik over de meren, met witte verentooi,
Een trotse zwaan, wat was ik mooi
En nu ben ik geblakerd en zwart
Verschroeid tot in mijn hart
De koks keerden mij om en om, voor een verzengend vuur
Nu dienen ze me op, verschroeid in mijn laatste uur
Nu prijk ik op een schotel en vliegen kan ik niet
Ik zie de bijtgrage tanden, verschroeid zing ik mijn lied

GEBAKKEN SCHOL MET SALIESAUS

Gebakken schol staat op het menu van de Zwanenbroeders bij het dodenmaal ter ere van hun gezworen broeder en belangrijk weldoener Jan Backx in maart 1510. Midden in de vasten, dus het wordt een compleet visdiner in drie gangen, maar wel met goed brood en wijn en bier om het weg te spoelen. Jans weduwe betaalt voor dit rijke herdenkingsmaal, dat jaarlijks zal worden herhaald.

Eerste gang: soep, haring, bokking en kabeljauw.

Tweede gang: snoek en karper of barbeel – in elke schotel een halve middelgrote snoek en een halve middelgrote karper of een halve barbeel. Daarbij vruchten: vijgen, rozijnen, appels, noten en *rinckxkens* (waarschijnlijk gedroogde appelringen, maar het kunnen ook een soort koekjes zijn).

Derde gang: gebraden of gekookte zalm, als die niet te duur is, of andere riviervissen, zoals brasem, middelgrote snoeken of alsen (zoetwaterharing) – in elke schotel een brasem en een middelgrote snoek of een alsen. Verder voor negen tot twaalf stuivers in olie gebraden schollen, spiering en voorens (*vooren* kan in die tijd forel betekenen, maar het kunnen ook rietvoorns of blankvoorns zijn), kleine baarzen, kleine snoeken, *mertelinckxskens* en *bueskens* (waarvan nog niet bekend is welke vis daarmee bedoeld werd). Of andere vissen, zegt het boodschappenlijstje, de *catch of the day*.

Hierbij zal een sausje geserveerd zijn. Bijvoorbeeld dit sausje voor bij de vis:

En wil je een sausje bij vis maken, neem dan salie en kaneel en walnoten. Wrijf dat fijn in goeden witte wijn en roer er ook wat azijn door. Dan wordt het goed.

Bron: Alemannische büchlein von Speisen, 15de eeuw.

NODIG VOOR 4 PERSONEN:
1 dl Rijnwijn (Elbling), 1 eetlepel witte wijnazijn, 100 gram walnoten, 4 verse salieblaadjes of een theelepel gedroogde, peper, zout en een snuf suiker naar smaak.

BEREIDING:
Hak de walnoten en salieblaadjes fijn, roer er de wijn en wijnazijn door en tenslotte peper, zout en suiker. Laat tenminste een uur trekken.

Haal de schollen even door de bloem en bak ze in ruim boter – of in Vastentijd in olijfolie. Aan beide kanten een minuut of vijf, afhankelijk van de omvang van de schol. Kun je zonder veel moeite met een mes bij de graat, dan is de vis klaar. Je kunt ook – net als de Zwanenbroeders – lekkerbekjes halen op de markt.

20

ROUWENDE BROUWERS

–

Recept:
SLUPERKENS

De dienster bracht een nieuwe kroes. 'Dat is heer Weels,' fluisterde ze. 'Echte adel!' Opgewonden liep ze weg. Van Uden keek somber in zijn beker. Het dunne schuim trok al weg, daaronder kwam het gulden vocht tevoorschijn dat in heel de stad bekend stond om zijn kwaliteit. Van adel nog wel, dacht Van Uden

HET

was avond. Op anders onverlichte plaatsen brandden flambouwen in de stad en vuurkorven vol spattend hout. De winterwind schuurde oren van hoofden en vingers van handen; het was extra guur dat jaar. Toch was het volk in grote getalen buiten. Ze kleumden vrolijk rond de korven, gekleed in boezeroen en pet. Ze juichten en jouwden, zopen en grolden – morgen begon de vasten, over zes weken was het Pasen, maar nu was het tijd voor lol.

De klanten bij In den Gulden Wildeman brulden mee met de pijpers en de doedelzakken. Het bier ging rond, hele fusten waren in een klap leeg. Honden blaften en deden zich tegoed aan gevallen voedsel: oliekoeken of erwetensop, als het maar vet is.

20

Aan een tafel achteraan zat, wat in de stilte, Wouter van Uden, brouwer en eigenaar van het pand. Sinds zijn vrouw in het kraambed overleed, nu een jaar geleden, kwam hij elke avond naar zijn vaste plek. Voor zich een beker bier van eigen brouwerij, zijn oog op de slanke leest van het dienstertje.

De deur zwaaide open, er kwam een groep vastelavondgangers binnen die kennelijk al 's ochtends begonnen waren. Vier man en twee deernen, alle zes in lompen, alle zes tot achter hun ogen volgeladen. 'Voedsel!' brulde een voddenbaal. 'Hoenders, sluperkens, worsten.' 'En een deerne voor de worsten,' riep een ander. Gelach. Het dienstertje liep, overdreven heupwiegend, langs het groepje en kreeg een klap op haar kont. Luidkeelse aanmoedigingen klonken. 'Doe het nog eens, meester.'

'Ik heb een worst, waar is de deerne?' De stemming was opperbest, de andere bezoekers deden of ze in de voddenbaal níet overbuurman Arnold Weels herkenden.

'Geeft niets,' sliste hij. 'Niets. Ik heb twee wijven. Eentje thuis en eentje hier.'

De dienster bracht een nieuwe kroes. 'Dat is heer Weels,' fluisterde ze. 'Echte adel!' Opgewonden liep ze weg. Van Uden keek somber in zijn beker. Het dunne schuim trok al weg, daaronder kwam het gulden vocht tevoorschijn dat in heel de stad bekend stond om zijn kwaliteit. Van adel nog wel, dacht Van Uden. Weels was net zozeer van adel als hijzelf, maar Weels bracht het beter. Hij was rijker ook, en stond meer in aanzien. Als wijnverkoper met praatjes over zijn afstamming en zijn vermogen. Waar haalde hij zijn geld vandaan? Lenen tegen rente, als de eerste de beste woekeraar. Maar niemand durfde hem aan te klagen: teveel goede vrienden in het stadsbestuur. Zouden ze daarom ook in zijn praatjes trappen? Opsnijderij, gebakken lucht, meer was het niet.

Hij schrok op uit zijn gedachten. Aan de andere kant van zijn tafel was de voddenbaal neergeploft die in het dagelijks leven wijn verkocht aan de overkant. 'Saluut,' zei hij, met dubbele tong. De ogen onder de bijgetekende wenkbrauwen stonden twee kanten op. 'Jou ken ik.' 'Van Uden.' Hij zei het kort, met afkeer. 'De brouwer.' 'De brouwer zonder vrouw,' lalde Weels en riep luid: 'Jongens! De brouwer! Zonder vrouw!' Hij wees met een hand naar Van Uden.

Niet alle blikken die hem werden toegeworpen waren even vriendelijk, maar Weels trok zich er niets van aan. Hij boog zich weer voorover. 'Geeft niets,' sliste hij. 'Niets. Ik heb twee wijven. Eentje thuis en eentje hier.' Hij lachte ongecontroleerd. Een deerntje in zijn gezelschap, aan wie de vodden natuurlijker kleefden dan aan Weels, lachte stralend.

Weels schoof zijn beker heen en weer op het tafelblad. 'Dat bier van jou, hé,' zei hij. 'Brengt dat nou nog wat op? Iets voor mij?' Van Uden schudde minachtend zijn hoofd. 'Brouwen is werken. Niets voor jou.' Weer lachte Weels wild, met een blik van onbegrip in zijn ogen. 'Ik werk ook,' zei hij. 'Kopen, verkopen.' 'Dat is geen werk. Dat is handel.' 'Handel, werk, wat maakt het uit? Als het maar opbrengt.' Weels trok aan zijn versleten buis, die vast ooit van een bediende was geweest.

Weer klapte de deur open, een vlaag sneeuw kwam binnen met een groep mannen, aanzienlijk minder dronken dan de rest. Opgelucht herkende Van Uden zijn collega Van Casteren, en kijk, Hendrik Ghysselen van Den Engel en nog twee collega's van wie de namen hem ontschoten waren. Ghysselen keek rond. Van Uden zwaaide en de groep collega's kwam naar zijn tafel.

'Avond,' zegt Ghysselen. 'Hoe is het, collega?' 'We zijn eens komen kijken,' viel Van Casteren in. 'Een jaar geleden nou. We dachten, we gaan eens kijken hoe het is.' Van Uden knikte kort en probeerde de tranen in zijn ogen te verbergen. 'Dit is Weels,' zei hij en wees. 'Arnold Weels. Van de overkant. Wijnverkoper.' Acht paar ogen draaiden zich naar Weels.

'De graaf?' vroeg Van Casteren. Weels lachte, toch wat ongemakkelijk. 'Ach, wat doet het ertoe,' zei hij. 'Die voorouders deden ook maar wat.'

Van Uden stond op. 'Weels wil wel eens zien hoe een echte brouwer werkt,' zei hij. 'Dat kunnen we hem wel laten zien. Vinden jullie niet?' Er kwamen stiekeme lachjes op bij de collega's. Weels keek dronken om zich heen. 'Wejja,' lalde hij. 'Laat maar zien.'

Het leek of één gedachte alle mannen had bevangen, allen behalve eentje. Weels liep als een lammetje met ze mee, blatend van het lachen. Voor de brouwerij moesten ze het plaatsje over, dat bedekt was met sneeuw. Hun voeten lieten de eerste sporen achter. Een jaar geleden lag het er net zo bij, dacht Van Uden, maar toen stonden er heel wat meer voetstappen in het wit.

Weels lette nergens op. Hij liep scheef als een krab en lachte voortdurend in zichzelf. 'Brouwers,' zei hij, 'die brouwers. Brouwers zijn geen bouwers. Brouwers zijn rouwers. Rouwers zijn die brouwers.' Hij hikte. 'Maar hun bier is lekker.' Zo dronken is hij, dacht Van Uden, dat hij zelfs de stilte van de anderen niet hoort.

'Brouwers,' zei hij, 'die brouwers. Brouwers zijn geen bouwers. Brouwers zijn rouwers. Rouwers zijn die brouwers.'

In het brouwhuis was het net zo koud als buiten. Van Uden stak een blaker aan, het kleine licht onthulde een rij vaten als stille soldaten. De gijlkuip verbreidde een zware lucht die Weels op de adem sloeg. 'Wat een pestilentie,' hoestte hij. 'Dat jullie dat verdragen.' Zwijgend gingen ze verder naar de voorraadkamer, waar de droge hop lag en het graan en drie vaten stonden met water voor de volgende brouwbeurt. Van Uden liet het water altijd drie dagen rusten voor het brouwen, dat had hij van zijn vader geleerd.

'Zullen we teruggaan?' zei Weels, maar het was te laat. Alsof ze vooraf hadden overlegd, pakten de brouwers hem ieder bij een ledemaat en kiepten hem voorover in het ijskoude water. Zijn geschrokken protest stopte onmiddellijk. 'Nu zijn broek,' zei Van Uden. Ondanks het verzet van Weels trappelende benen hadden de mannen in een mum van tijd zijn wijde broek uit én zijn spitse schoenen. Het klokkenspel bungelde zonder klanken voort te brengen.

'Nu eruit,' zei Van Uden en, opnieuw soepel als een uurwerk, trokken zij Weels weer uit het water. De man hapte naar adem, te verbouwereerd om nog te protesteren en zakte in elkaar naast het vat.

Ghysselen en Van Casteren namen hem onder de armen, sleepten hem mee naar voren en lieten hem los op het plaatsje. Van Uden sloot de deur.

'Help!' jammerde Weels. 'Help!' Maar niemand raakte hem aan. Ze lieten hem achter en gingen naar binnen. Gezamenlijk namen ze plaats aan het tafeltje van Van Uden. 'Bier,' zei die en wenkte de deerne. Zodra ze aan hun tafel stond zei hij: 'Graaf Weels komt zo meteen door de achterdeur. Let maar goed op.'

'Zullen we teruggaan?' zei Weels, maar het was te laat.

Bier

Bier is in de middeleeuwen een dagelijkse behoefte, zeker in een stad als Den Bosch. De grachtjes tussen de huizen dienen niet alleen als vervoermiddel maar ook als vuilnisbelt en riool. Schoon water is moeilijk te krijgen. Bier is, door het langdurig verhitten, bijna steriel. En lekkerder dan slootwater. Iedereen drinkt bier, kinderen en bejaarden, armen en rijken. Het middeleeuwse bier is dan ook niet zo sterk als dat van ons; het bevat hooguit een paar procent alcohol.

Bier wordt gemaakt van gerst. Niet bijzonder geschikt voor het bakken van brood, omdat het weinig gluten bevat. Dus koken de middeleeuwse huismoeders de korrels tot brij en brouwen de brouwers er bier van. Gerst is daar zeer geschikt voor, omdat het veel enzymen bevat, nodig voor het brouwproces. De losse gerstekorrels worden nat gemaakt tot ze kiemen, gekookt in water en dan tot bier vergist.

Behalve water, gist en gerst voegt de brouwer nog een ingrediënt toe om smaak te geven. In de tijd van Jeroen Bosch is dit soms nog gruit, soms al hop. Gruit is een verzameling smaakgevende kruiden zonder vaste samenstelling. Meestal zit er rozemarijn en salie in, laurierbessen en duizendblad, maar vooral gagel. Dat is een geurige struik die volop groeit in de zure, moerasachtige velden en vochtige heiden rond Den Bosch. En niet alleen daar; gagel is in heel West-Europa de meest gebruikte smaakmaker van bier.
Dat verandert in de 14de eeuw. Hop komt op. De bloemen van de *humulus lupulus* geven het bier niet alleen een pittige smaak, het maakt het bier ook beter houdbaar.

Hop groeit in grote hoptuinen, eerst in Schijndel, later ook in de streken rond Den Bosch, Den Dungen, Vlijmen en Sint Michielsgestel, maar ook in het land van Heusden en Altena. Al in de 14de eeuw is het een gewild exportproduct.

De oorspronkelijke biermakers, vooral nonnen in kloosters en abdijen, worden al snel overvleugeld door commerciële brouwers. De stad heeft een aantal voordelen. De hop groeit naast de deur, het water uit Dommel en Aa is van goede kwaliteit en de bevolking groeit. Alleen het graan ontbreekt, dat wordt per schip aangevoerd. In vreedzame tijden is dat geen probleem, maar in tijden van oorlog raakt de de aanvoer verstoord en wordt het bier schaars.

De grootste hoeveelheid bier wordt overigens niet in brouwerijen gemaakt maar gewoon thuis. Nog in 1567 blijkt meer dan de helft van de Bossche productie uit de thuisbrouw te komen.

SLUPERKENS

NODIG:
4 à 6 mergpijpen, 1 eetlepel suiker, ½ theelepel kaneel, ½ theelepel gemberpoeder, ½ theelepel kruidnagelpoeder, zout naar smaak, circa 300 gram korstdeeg, liefst zelfgemaakt, en 2 eidooiers.

Voor wat variatie: 1 appel, geraspt.

BEREIDING:
Verwarm de oven voor tot 200 °C. Kook de mergpijpen een kwartiertje in water en laat ze afkoelen. Schraap het merg eruit en doe dat in een kom. Voeg suiker en specerijen toe, proef en doe er zout bij. Meng voor variatie geraspte appel door het mergmengsel.

Rol het deeg uit en snijd het in driehoeken met zijden van ongeveer 10 centimeter. Leg een lepel vulling in het midden van de driehoeken en vouw er nette beursjes van. Kwast er eidooier over en bak ongeveer 20 minuten in de oven.

21

DE LAATSTE LOMBARD

–

Recept:
EYKEN LOMBAERTS

Ooit was dit een paradijsje geweest waar hij als jongen speelde met zijn broer Thomasino. Die was terug naar Piemonte en hij zou hem snel volgen. Het Lombardenhuis werd dit woonst genoemd, maar niet lang meer. Wat had hij misgedaan?

VOOR

de laatste keer liep hij door het huis. Het huis dat zo vol leven was geweest en nog zoveel herinneringen in zich borg. Een controle en afscheid tegelijk. Het huis was leeg op wat oude lappen na, die bleven liggen voor de nieuwe bewoner. Alle kasten, tafels en brandkisten waren al weg, verkocht of geconfisqueerd door de laagschout. Niet dat er nog iets in die brandkisten had gezeten, maar het was een raar idee. Tweehonderd jaar familietraditie werd weggedragen door de stoere mannen van de schout, ze konden ze nauwelijks dragen.

Hij ging nog eenmaal de trap op naar de zolder, om van daar nog een keer uit te kijken over de stad. Heel die stad had aan hun voeten gelegen, in betere tijden. Geen huis of er was wel een bewoner met schulden – bij hen. Zelfs de stadsgroten waren langsgekomen, anoniem. Of ze hadden een tussenpersoon gestuurd. Duizenden hadden ze verdiend, tienduizenden. En de haat en afkeer van tientallen over zich afgeroepen. Joden werden ze genoemd door wie niet beter wist. Omdat zij de kerkelijke wet negeer-

21

den van rente heffen op geld, net als het volk Israëls deed. En, niet om een jood te prijzen, maar dat hadden ze verrekte goed gedaan.

Hij keek naar het westen waar de zon ter kimme neigde. Daar, achter de jodenpoort, waren de eersten van zijn geslacht neergestreken. In wat toen nog buiten de wallen lag. 'Jericho' werd het genoemd, vanwege de joden die er woonden natuurlijk. En de muren die waren gevallen. Even grinnikte hij. Dat vallen was zonder trompetgeschal gegaan. Afgevoerd naar Vughte waren die joden, doodgeslagen door de burgers van Den Bosch en ter plekke begraven. Zijn familie had ervan geprofiteerd maar was dat fout geweest? Elke stad vroeg om geld en zijn familie had het gebracht.

Ooit was dit een Zijn familie had ervan geprofiteerd maar was dat fout geweest? Elke stad vroeg om geld en zijn familie had het gebracht. lang meer. Wat had hij misgedaan?

Hij haalde zijn schouders op en leunde naar buiten. De tuin was verwilderd, kroppen sla waren doorgeschoten en wuifden hun brede bloemen in de zomerse wind. Ooit was dit een paradijsje geweest waar hij als jongen speelde met zijn broer Thomasino. Die was terug naar Piemonte en hij zou hem snel volgen. Het Lombardenhuis werd dit woonst genoemd, maar niet lang meer. Wat had hij misgedaan? Was het zijn schuld dat de kloosters nu leenden aan de armen, dat het stadsbestuur nu zijn zaken tegenwerkten, zozeer dat hij de boeten niet meer kon betalen die de Raad van Brabant hem had opgelegd?

Terug naar Italië, met oneer overladen, een geslaagde familie met een verloren zoon. Maar er zat niets anders op. Morgen kwam de laagschout met drie procureurs de sleutel halen. Het was op en over.

Hij trok zich terug, sloot het raam en daalde voor de laatste keer de trap af. Eenmaal keek hij nog rond in het wissellokaal, waar kapitalen waren overgedragen. Toen stapte hij naar buiten, sloot de deur met de sleutel en rechtte zijn rug. Paganus de la Val, de laatste Lombard, had zijn huis verlaten.

Aanbidding der Koningen

anonieme schilder uit de omgeving van Jheronimus Bosch, circa 1474 of later, tempera, olieverf en goud op paneel, 71,1 x 56,5 cm

Allegorie op de gulzigheid

Jheronimus Bosch,
circa 1494 of later, olieverf op paneel, 35,9 x 31,4 cm

Tuinplezier

De aangelegde tuin is een succesvolle poging om de natuur te bedwingen. In de middeleeuwen vind je tuinen bij grote huizen, kastelen en kloosters. Meestal een serie omheinde rechthoeken met vrij eenvoudige symmetrische beplanting. Functioneel met een vleugje vertier.

De tuinen van adel en burgerij zijn er vooral voor het genoegen van het buitenleven. Ze worden ommuurd en omhaagd, hebben wandelpaadjes, houten prieeltjes, zitjes, waterpartijtjes, paviljoentjes, rozenhagen en grasveldjes. De tuin is het verlengstuk van het leven binnenshuis. Kruiden, groenten, vruchtenboompjes, sierplanten als rozen en lelies vullen de verschillende rechthoekige tuinkamers. In het siergedeelte van de tuin trekt een fontein de aandacht. De pleziertuin is een lusthof, waar je musiceert, dineert, converseert, flirt en verleidt.

En al is de kloostertuin vooral een nutstuin, toch groeien er fraaie bloemen om het altaar in de kerk te versieren.

Extra spannend zijn de planten die nieuw zijn voor dit deel van Europa. Zoals de granaatappelboom, die wel bloeit, maar waarschijnlijk geen vruchten draagt. Andere nieuwkomers als de moerbei, de zoete en zure kersen, amandelen, perziken, pruimen, de tamme kastanje en de pijnboom vullen de vrije ruimte.

Er is een levendige ruilhandel in stekken en zaden in Europa en de dan bekende wereld daarbuiten. Tijdens de 12de en 13de eeuw komt er veel plantmateriaal uit Bourgondië, Italië en Spanje. De muurbloem, de akelei, het (driekleur)viooltje, op de schilderijen van de Vlaamse primitieven zie je ze terug.

De combinatie van rode roos en witte lelie is het populairst in de middeleeuwen, beide geassocieerd met de maagd Maria. De witte roos symboliseert de goddelijke liefde en de onschuld. De rode roos de wereldse liefde, maar ook het bloed van de martelaars. Men plant rozen tegen boogjes en prieeltjes, terwijl de (inheemse) hondsroos (*rosa rugosa*) en egelantier gebruikt worden om hagen te maken.

Uit Spanje komt de dubbele rode anjer (*dianthus caryophyllus*, die ruikt naar kruidnagel), die al in de 14de eeuw wordt aangeplant in de tuinen van Olite, de koninklijke zetel van Navarra. Halverwege de 15de eeuw wordt de dubbele anjer (*oeillet* naar Olite) al gekweekt in Frankrijk, naast de enkele, roze anjers. Je ziet ze op schilderijen uit die tijd in potten met halfronde wilgenboogjes als steun. Belangrijk is ook de witte Madonna-lelie, het symbool van de onbevlekte ontvangenis. De Zwanenbroeders gebruiken deze lelie in hun wapen, omgeven door doorns.

EYKEN LOMBAERTS

NODIG: Dit recept is een voorloper van 'onze' zabaglione of sabayon, zoals veel recepten is het ontleend aan de Italiaanse keuken. De Italianen namen hun heimwee-eten mee naar het noorden van Europa. De eerste Nederlandstalige kookboeken maken daar dankbaar gebruik van.

Neemt twee doyers van eyers, cloptse cleyn met 6 ofte 7 eetlepelkens Rijnschen wijn ende ontrent een half lepelken roosewater, suycker soo veel als ghy wilt. Latet soo op colen staen sieden totdat u dick ghenoech is, maer roeret wel dat niet en brande ende als ghyt optdient, strooyt er canneel over.

Uit: Notabel boecxken van cokerye.

Nodig: 250 gram poedersuiker, snuf kaneel, 6 eidooiers en 2½ dl Rijnwijn (Elbling)

Bereiding: Klop de suiker en kaneel met de eidooiers au bain-marie tot het mengsel een lint trekt. Voeg beetje bij beetje de wijn toe en blijf kloppen met de garde tot het mengsel dik en romig is. Schenk in mooie kommetjes en dis op.

DANK!

De speurtocht naar het eten van Jeroen Bosch begon zo'n zes jaar geleden. Toen organiseerde de Stichting Jheronimus Bosch 500 (JB500) een maaltijdwedstrijd op de Grote Markt in 's-Hertogenbosch en vroeg om culinair historisch advies. Het was het begin van een verkenningstocht, voorbij de 'gewone' middeleeuwse keuken.

Wat was er specifiek in, om en over 's-Hertogenbosch te vinden? Welke informatie verschaften de schilderijen van Jeroen Bosch? Wat leerden ons de archiefstukken? En vooral: wat hadden de archeologen gevonden en geanalyseerd?
Steeds meer puzzelstukjes regen zich aaneen, dankzij met name Isabelle Savelkoul, productieleider bij JB500, Ronald van Genabeek, gemeentelijk archeoloog van 's-Hertogenbosch, Eddie Nijhof, archeoloog, Rob van de Laar, onder meer hoofd externe relaties bij het Stadsarchief, Jan Sanders, provinciaal archivaris bij het BHIC, en Jo Timmermans, directeur van het Jeroen Bosch Art Centre. En uiteraard ook dankzij alle mensen die bij deze instanties voor en achter de schermen hun medewerking verleenden. Onze dank is groot!

Boeken maak je als auteurs nooit alleen. Zonder alle medewerking, ieders geduld en veel enthousiasme was dit boek er nooit gekomen. Heel blij zijn we met Marije Sietsma van Uitgeverij Loopvis, die begreep dat we – omdat er al zoveel over Jeroen Bosch en de keuken van de middeleeuwen was geschreven – op zoek moesten naar een originele aanpak. Dankzij de welwillende medewerking van de stadsarcheologen konden we gerechten fotograferen in en op de gebruiksvoorwerpen uit de tijd van Jeroen Bosch in het Groot Tuighuis. Fotografe Saskia Lelieveld maakte er iets bijzonders van. Vormgever Jelle F. Post ging met de schilderijen aan de slag die door JB500 ter beschikking werden gesteld.

Een bijzondere vergeten peper, beter bekend als 'paradijskorrels' of meleguette peper, kwam op tafel dankzij Daniël Schuringa van Cavad'or. Bonenspecialiste Joke Boon maakte een historisch verantwoord bonenrecept met een hedendaagse touch. Meester-banketbakker Cees Holtkamp zette zijn schouders onder de reconstructie van het bakwerk. Werkelijk geen sinecure door de minimalistische receptuur, maar nu dankzij zijn vakbekwaamheid en doorzettingsvermogen ook thuis uitvoerbaar. Shirley Domingus smeedde onze verzamelde verhalen, bevindingen en recepten tot een geheel. En *last but not least* konden we rekenen op wijnhistorica Mariëlla Beukers, die de kaders over wijn voor haar rekening nam, inclusief de receptuur.

Allen zeer veel dank! We hopen dat iedereen er net zoveel plezier aan heeft beleefd en zal beleven als wij.

detail De temptatie van de heilige Antonius (deel van een drieluik)

Jheronimus Bosch, circa 1501 of later, Olieverf op paneel, 131 x 238 cm

Geraadpleegde literatuur

Albala, Ken & Trudy Eden; *Food & Faith in Christian Culture*, 2011

Alexandre-Bidon, Danièle; *Une Archéologie du Goût, Céramique et consommation*, 2005

Beelaerts van Blokland, Pieter A.C.; *De Illustre Lieve Vrouwe Broederschap en JHeronimus Bosch (1318-1516)* Alberdingk Thijmgenootschap, jaargang 93 (2005), aflevering 2

Bésème-Pia, Lise; *le Pain'd'épice(s), histoire, recettes etc*, 2002

Beukers, Mariëlla; De route van de wijn. Wijn en wijnhandel in de stad Utrecht in de veertiende en vijftiende eeuw; een eerste verkenning, in: *Jaarboek Oud-Utrecht 2007*, pp. 5-46

Bieleman, Jan; *Boeren in Nederland, Geschiedenis van de Landbouw 1500-2000*, 2008

Bloch-Dano, Evelyne; *La Fabuleuse Histoire des Légumes*, 2008

Blockmans, Wim & Prevenier, Walter; *De Bourgondiërs. De Nederlanden op weg naar eenheid, 1483-1530*, 1997

Brothwell, Don and Patricia; *Food in Antiquity. A Survey of the diet of Early Peoples*, 1969

Buisman, Jan; *Extreem weer! Een canon van weergaloze winters en zinderende zomers, hagel en hozen, stromen en watersnoden*, Franeker 2011, delen 2, 3

Burema, L; *De voeding in Nederland van de middeleeuwen tot de twintigste eeuw*, Assen, 1963

Cools, Hans; *Mannen met Macht, Edellieden en de Moderne staat in de Bourgonisch-Habsburgse landen (1475-1530)*, 2001

Craeybeckx, J; *Un grand commerce d'importation: les vins de France aux anciens Pays-Bas*, Paris 1958

Crane, Ethel Eva; *The World History of Beekeeping and Honey Hunting*. Londen: Duckworth, 1999

Dijck, dr. G.C.M. van; *Op zoek naar Jheronimus van Aken alias Bosch*, 2001

Dijck, dr. G.C.M. van; *Van Vroomheid naar Vriendschap*

Dubbe, B; *Huusraet, Het stedelijk woonhuis in de Bourgondische tijd*, 2012

Duby, Georges; *De kathedralenbouwers*, Amsterdam, 1976

Duker, A.C; *Gisbertus Voetius. Deel 2.* 1910, Brill, Leiden

Ehlert, Trude; *Kochbuch des Mittelalters*, 2000

Gayet, Mireille, *Grand traité des épices*, 2006

Goldstein, Claudia; *Pieter Bruegel and the Culture of the Early Modern Dinner Party*, 2013

Haaster, Henk van; *Archeobotanica uit 's-Hertogenbosch*, 2008

Hermesdorf, Bernardus; *Hubertus Dominicus. De herberg in de Nederlanden : een blik in de beschavingsgeschiedenis*, Assen, 1957

Higman, B.W.; *How Food Made History*, 2012

Hoffman, Ed; *Kijken naar Bosch. Een ontdekkingsreis langs alle schilderijen*, 2014

Hobhouse, Penelope; *Plants in Garden History*, 1997

Jansen-Sieben, Ria en Winter, Johanna Maria van; *De Keuken van de Late Middeleeuwen*, 1989

Jobse-Van Putten, J. *Eenvoudig maar voedzaam. Cultuurgeschiedenis van de dagelijkes maaltijd in Nederland.* Nijmegen, 1995

Ketcham Wheaton, Barbara; *Savoring the Past. The French Kitchen and Table from 1300 to 1789*, 1996

Kleijn, H.; *Planten en hun naam. Botanisch lexicon voor de Lage Landen*, Amsterdam, 1970

Kops, Wim; *'s-Hertogenbosch. Een rijke, roerige en roemruchte historie*, 2015

Kruyff, Lizet & Schuyf, Judith; *Twintig Eeuwen Koken en Eten*, 1997

Kuijer, P. Th. J.; *'s-Hertogenbosch, stad in het hertogdom Brabant*, Zwolle, 2000

Laurioux, Bruno; *Manger au Moyen âge*, 2002

Matthey, Ignaz; *Vincken moeten vincken locken, vijf eeuwen vangst van zangvogels en kwartels in Holland*,2002

Molinet, Jean; *Chroniques, Tome 1 1474-1488*, Bruxelles, ed. 1935

Mosmans, Jan; *De Sint-Janskerk te 's-Hertogenbosch*, 1931

Muussers, Christiane & Willebrands, Marleen; *Een Notabel Boeckxen van Cokeryen 1514*

Nicholas, prof.dr. David; *Stad en Platteland in de Middeleeuwen*, 1971

Ostkamp, Sebastiaan; *Aen Taefele. Eten en leven in de late middeleeuwen, de collectie Aad Penders*, 2013

Oudheusden, Jan van & Vos, Aart (red.); *De wereld van Bosch*, 2001

Pitrat, Michel & Foury, Claude; *Histoires de légumes, des origines à l'orée du XXIe siècle*, 2003

Pleij, Herman; *Sprekend over de Middeleeuwen*, 1991

Pleij, Herman; *Dromen van Cocagne, Middeleeuwse fantasieën over het volmaakte leven*, 1997

Rambourg, Patrick; *La Cuisine à remonter le temps*, 2007

Rebora, Giovanni; *Culture of the Fork, a brief history of food in Europe*, 2001

Redon, Odile, Sabban, Françoise & Serventi, Silvano; *The Medieval Kitchen, Recipes from France and Italy*, 1991

Scully, Terence; *The Neapolitan Recipe Collection*, Cuoco Napoletano, 2000

Shepard, Sue; *Pickled, Potted and Canned, the story of food preserving*, 2000

Smits, dr. C.F.X.; *De Grafzerken, Wapen- en Rouwborden der St Janskerk*, 1907

Strong, Roy; *The Renaissance Garden in England*, 1998

Stuip, R. E. V. & C. Vellekoop, redactie; *Scholing in de middeleeuwen*, Hilversum, 1995

Unverfehrt, Gerd; *Wein statt Wasser. Essen und Trinken bei Jheronimus Bosch*, 2003

Uytven, Raymond van; *De Zinnelijke Middeleeuwen*, 1998

Uytven, Raymond van; *Europa aan tafel*, Antwerpen 1993

Vence, Celine, Courtine, Robert J. & Desmur, Jean, *La Cuisine au Fromage*, 1971
Verhees, Ernest & Vos, Aart; *Historische atlas van 's-Hertogenbosch*. Amsterdam, 2005.

Vilar Sánchez, Juan Antonio; *Keizer Karel V in Andalusië, Wittebroodsweken*, 2010

Vriens, Thomas; *De Tekeningen van Jheronimus Bosch*, 2016

Weeda, E; *Oecologische flora van Nederland*, Zeist, 1999.

Zaouali, Lilia; *Medieval Cuisine of the Islamic World, a Concise History with 174 recipes*, 2007

En verder:

Putten uit het Bossche Verleden, vriendenbundel voor Hans Janssen ter gelegenheid van zijn afscheid als stadsarcheoloog van 's-Hertogenbosch, onder redactie van Ronald van Genabeek, Eddie Nijhof, Frederike Schipper en Johan Treling, 2012

Het Gulden Vlies, 's-Hertogenbosch ten tijde van het 14de Kapittel van het Gulden Vlies, 1481

Kring Vrienden van 's-Hertogenbosch, 1981, *Brabant in de tweede helft van de 15de eeuw*

Lyrische Lente, liederen en gedichten uit het middeleeuwse Europa, ed W.P. Gerritsen en Willem Wilmink, 2000

Messen uit de Stoofstraat, de beerput van een messenmaker uit de `6de eeuw, Ronald van Genabeek, in Putten uit het Bossche verleden, 2012

Quintessens, Wetenswaardigheden over acht eeuwen kookgerei, Museum Boymans- van Beuningen, 1992

Colofon

Dit boek is een uitgave van Loopvis

© tekst verhalen:
Jeroen Thijssen

© tekst:
Lizet Kruyff

© teksten over wijn:
Mariëlla Beukers

© foto's:
Saskia Lelieveld

vormgeving:
Jelle F. Post

© illustraties:
Jelle F. Post, Shutterstock, Getty Images

redactie:
Shirley Domingus

eindredactie:
Hedda Stubbe

Dit boek is duurzaam gedrukt op 115 grams Tatami door Drukkerij Tienkamp in Groningen.

Eerste druk, september 2016

Loopvis, Groningen/Velp
ISBN: 978-94-92206-23-7
NUR: 440, 303 & 640

www.loopvis.nl

Jheronimus Bosch 500